one line

ZEICHNEN IN EINER LINIE

Silberstolz
Heinke Nied Illustration

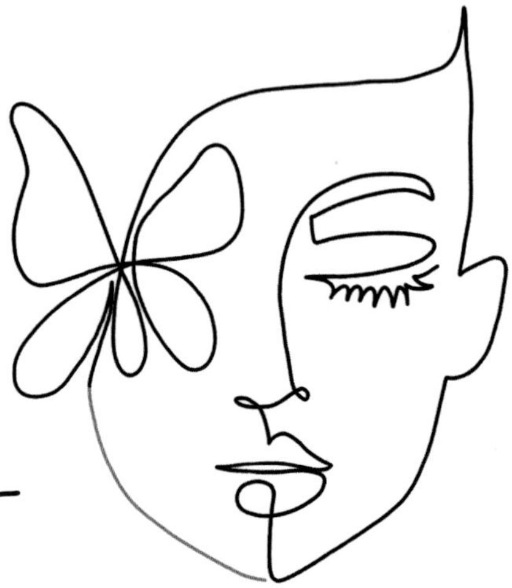

Inhalt

VORWORT **5**

One Line Art – Was ist das? 6

Eine Linie – viele Vorteile 7

Umsetzung & Tipps 8

Materialien 10

Zum Aufwärmen 12

Deine erste Rose 13

BLUMEN & BLÄTTER **14**

Einfache Blume 16

Pfingstrose 18

Monsterablatt 20

Eukalyptus Love 22

Anemone 24

Blumenliebe 26

Kirschblüte 28

PFLANZEN **30**

Grüner Gruß 32

Glückstaler 34

Mein kleiner grüner Freund 36

Happy Kaktus 38

Botanical Style 40

GESICHTER **42**

Erste Schritte 44

Proportionen 46

Mein erstes One Line Face 48

Einfach schön 50

Porträt im Boho-Style 52

Frühlingsbild 54

Träumerei 56

Frauenpower 58

Frau im Halbprofil 60

Cozy Day 62

Spaziergang 64

LIFESTYLE **66**

Kleiner Dank 68

Eine Tasse Ruhe 70

Gemütlicher Abend 72

Home, sweet home 74

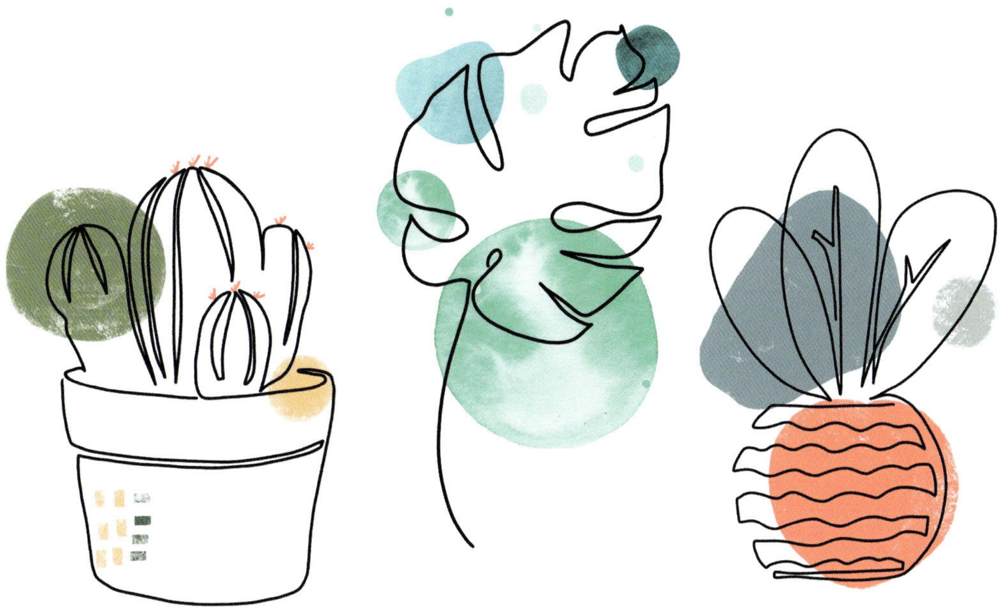

Bücherliebe 76
Kleines Glück 78
Süße Glückwünsche 80
Kaffeegenuss 82

FRÜCHTE 84
Melone 86
Kirschen 88
Banane 90
Erdbeeren 92
Äpfel 94
Birnen 96

LIEBLINGSFESTE 98
Kindergeburtstag 100
Valentinstag 102
Ostern 104
Muttertag 106
Vatertag 108
Winter Wonderland 110
Grüße zur Weihnachtszeit 112
Advent, Advent 114
Hauptsache Hirsch 116
Das One-Line-Skizzenbuch 118
Die One-Line-Zeichen-Community 121
Bibliothek 124

Buchempfehlungen 126
Autorin 128
Impressum 128

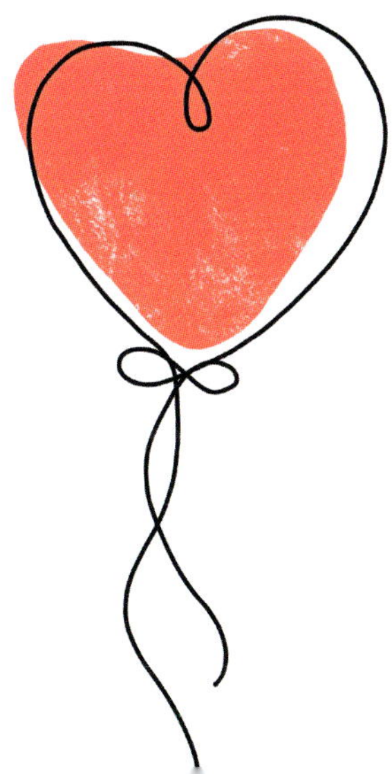

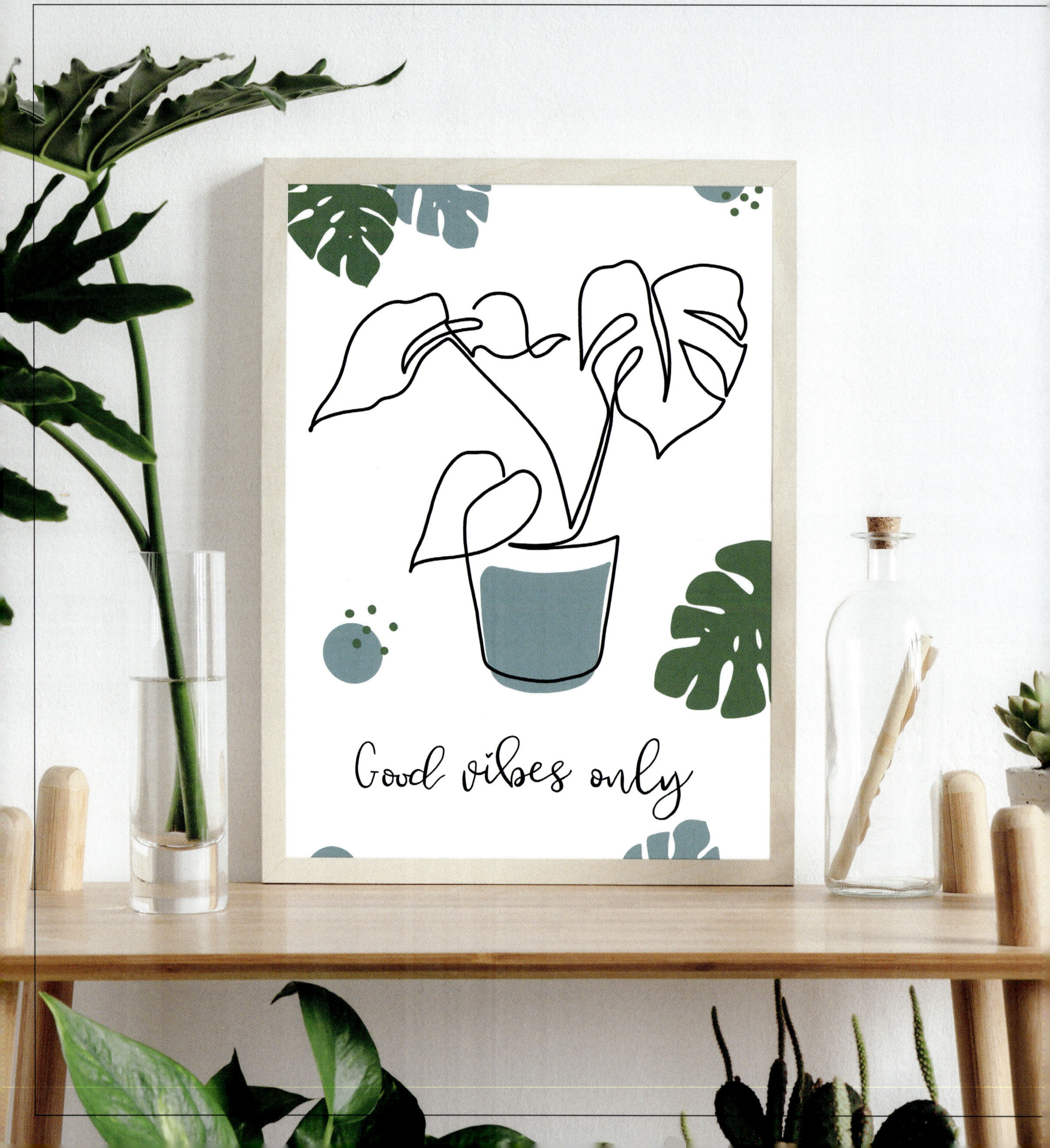
Good vibes only

Hallo!

Schön, dass du mich gefunden und dich für dieses Buch entschieden hast. Wir werden uns hier gemeinsam dem Thema One Line Art – Zeichnen in einer Linie widmen. Ich freue mich drauf, denn In den folgenden Seiten stecken meine ganze Leidenschaft und Erfahrung zu dieser neuen Kunstform.

Vielleicht möchtest du wissen, wie ich selbst zur One Line Art gekommen bin? Ich war schon lange auf der Suche nach einer freieren Zeichentechnik, die Entspannung in meinem Alltag bringen sollte. Als ich mit One-Line-Zeichnungen anfing, eröffnete sich mir eine neue Welt. Zunächst zeichnete ich viel in mein Skizzenbuch, denn es brauchte nicht viel Zeit und ein Fineliner genügte. Das Ergebnis war erstmal Nebensache – es machte mir einfach Spaß und entspannte mich.
Mit der Zeit kamen dann Aquarellfarben dazu. Bis heute liebe ich das Zusammenspiel der sanften und doch leuchtenden Farben mit der minimalistischen Linie.

Alle Übungen und Vorlagen zu diesem Buch stehen in der Digitalen Bibliothek unter www.topp-kreativ.de/digibib nach erfolgreicher Registrierung zum Download zur Verfügung. **Den Freischalte-Code findest du im Impressum.**

Ich fing an, diese Linienkunst in meine Kurse und Workshops einzubauen. Was zuerst nur als Entspannungsübung gedacht war, entwickelte sich schnell zu richtigen Zeichenprojekten wie Postkarten, Bildern oder Geschenkanhängern. Später kombinierten wir Aquarellfarben und ein Handlettering dazu – und siehe da, alles passte wunderbar zusammen und wirkte modern und neu.

Das positive Feedback meiner Teilnehmerinnen motivierte mich dazu, mich weiter mit dieser Technik zu beschäftigen und Anleitungen für einzelne Projekte zu entwickeln. In diesem Buch zeige ich dir Schritt für Schritt, wie du deine eigenen One-Line-Zeichnungen anfertigen und zu einem Gesamtkunstwerk ausarbeiten kannst.

One Line Art ist für mich nicht nur ein Trend, sondern eine ganz neue Form des Zeichnens und der zeichnerischen Darstellungen unserer Umgebung.

Ich wünsche dir viel Freude dabei!

Heike Nied

One Line Art – was ist das?

One Line Art ist weit mehr als nur ein Trend!
Bei dieser Darstellung zeichnest du dein Motiv mit nur einer einzigen Linie. Das heißt, du unterbrichst diese Linie nicht und setzt sie auch nicht mehrmals neu an.

Mit dieser Technik kannst du jedes Motiv zeichnen. Wie du das machst, bleibt dir selbst überlassen. Ob minimalistisch, verspielt, grafisch oder abstrakt – hier bleibt viel Spielraum für deine eigene Kreativität.

Für das Zeichnen kannst du alle Zeichenwerkzeuge verwenden, die dir Spaß machen: Filzstifte, Bleistifte, Kreide, Brush Pens, Kuli oder einen Füller.

Ursprünglich war das Zeichnen in einer Linie als Zeichenübung gedacht. Inzwischen hat es sich nicht nur zu einer eigenen Kunstform, sondern auch zu einer einzigartigen, neuen Art des Zeichnens entwickelt.

In Kombination mit unterschiedlichen Farben wie Aquarell und Gouache wirken die One-Line-Zeichnungen sehr künstlerisch und stimmig, neu und frisch. Auch Handletterings sind eine prima Ergänzung und passen wunderbar dazu.

Eine Linie - viele Vorteile

One-Line-Zeichnungen sind eine hervorragende Übung, mit denen du das Muskelgedächtnis deiner Hand sowie deine Hand-Augen-Koordination trainieren kannst.

Zudem schult diese Art des Zeichnens deine Beobachtungsgabe. Du lernst mit der Zeit, die wichtigsten Linien deines Motives recht schnell zu erkennen. Mit etwas Übung klappt das immer besser und hilft dir dabei, deine Zeichnung in nur wenigen Sekunden oder Minuten umzusetzen.

Für One-Line-Skizzen benötigst du nicht viel Zeit. Und kaum Material: Ein Blatt Papier und ein Stift genügen, um loszulegen.

Das Zeichnen in einer Linie wirkt sehr meditativ und entspannend. Zudem fördert es deine Kreativität und verbessert deinen Zeichenstil. Wenn du dich voll und ganz darauf einlässt, kann es passieren, dass du einen regelrechten Zeichenflow erlebst.

One-Line-Zeichnungen sind eine wunderbare Möglichkeit, um deinen eigenen Stil zu finden. Und das Allerbeste zum Schluss: Es macht einfach riesig Spaß!

Umsetzung & Tipps

Der Charme einer One-Line-Zeichnung liegt darin, dass du dein Zeichenwerkzeug – sobald es das Papier berührt – nicht mehr von der Zeichenoberfläche abhebst, bis dein Bild fertig ist.

Zu Beginn fühlt sich das etwas komisch an, aber mit der Zeit gewöhnen sich dein Gehirn und deine Hände daran und es wird ganz selbstverständlich für dich werden.

In der Anfangsphase helfen dir Aufwärmübungen dabei. Du findest sie in diesem Buch ab Seite 12. Mache diese Übungen ruhig mehrmals! Deine Linie kann an manchen Stellen dicker oder dünner sein, aber du solltest sie nicht unterbrechen. Verwende auf keinen Fall einen Radiergummi, sondern mache das Unperfekte zu einem Teil deines Bildes. Denn genau das zeichnet diese Kunstform aus.

MEINE TIPPS FÜR DICH

- Nimm deinen Lieblingsstift und zeichne zum Aufwärmen Wellenlinien, Kreise, Kringel, Herzen oder Schneckenformen. Ganz wichtig: Ändere dabei auch einmal die Richtung deiner Zeichenhand. Zeichne eine Schneckenform also nicht nur rechts-, sondern auch linksherum und Wellenlinien nicht nur von links nach rechts, sondern auch von oben nach unten. So bekommst du ein Gefühl dafür und gibst sowohl deiner Hand als auch deinem Gehirn die Chance, sich an diese neue Art des Zeichnens zu gewöhnen.
- Wiederholung ist sehr, sehr wichtig! Zeichne dein Motiv immer wieder, so lernst du den Ablauf auswendig.
- Zeichne jeden Tag in dein Notiz- oder Skizzenbuch eine kleine One-Line-Zeichnung. Das hilft dir, in Übung zu bleiben und zusätzlich ist es wunderbar entspannend!
- Zeichne, ohne dich dabei zu bewerten. Wenn dir das gelingt, wirst du von Tag zu Tag ganz von alleine immer besser werden.

VON 1 BIS 3: DIE SCHWIERIGKEITSGRADE

Damit du dich orientieren kannst, welche Projekte sich für den Anfang eignen und welche du gut zeichnen kannst, wenn du fortgeschrittener bist, habe ich die Motive mit Stiften gekennzeichnet.

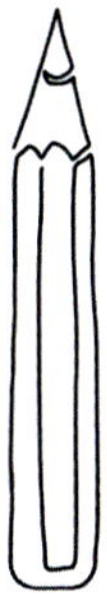

Schwierigkeitsgrad 1

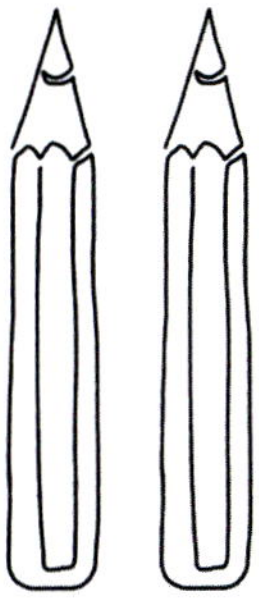

Schwierigkeitsgrad 2

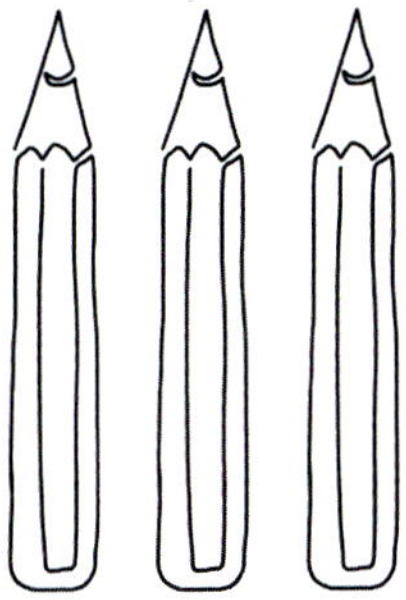

Schwierigkeitsgrad 3

Materialien

Für deine One-Line-Zeichnungen kannst du alle möglichen Stifte verwenden. Auch bei der Farbwahl bist du frei. Ich nehme sehr gern schwarze Stifte zum Zeichnen, das ist aber kein Muss.

FINELINER

Fineliner gibt es in unzähligen Farben und verschiedensten Stärken.

Ich persönlich verwende Fineliner der folgenden Marken:

- Faber-Castell Ecco Pigment, schwarz, in den Stärken 0.3, 0.6
- Staedtler Pigment Liner, schwarz, in der Stärke 0.8
- Faber-Castell Pitt Artist Pen, in der Stärke 0.7 M
- Molotow One4All Acrylic Twin, weiß, in den Stärken 4 mm und 5 mm

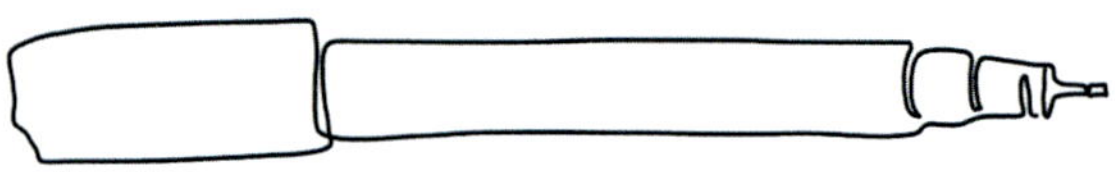

BLEISTIFTE

Bleistifte mit einem mittleren Härtegrad wie zum Beispiel HB eignen sich gut für Skizzen.

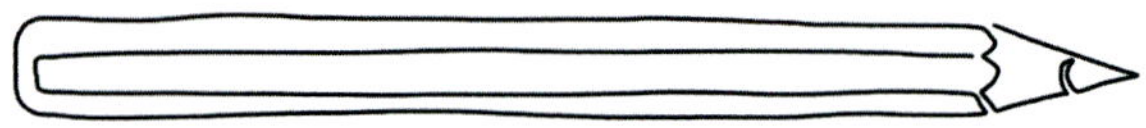

BRUSH PENS

Mit den beliebten Pinselstiften kannst du dickere und dünnere Linien in dein Motiv einbauen, indem du den Druck auf die flexible Stiftspitze beim Zeichnen variierst. Brush Pens gibt es von vielen Anbietern, zum Beispiel von Tombow, Edding, Staedtler oder Talens. Ich verwende gern den Pitt Artist Pen Brush B der Firma Faber Castell in Schwarz.

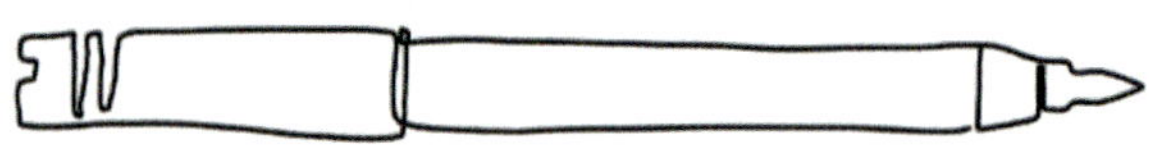

FÜLLER

Auch ein Füller eignet sich gut für One-Line-Zeichnungen. Du solltest nur darauf achten, wasserfeste Tinte zu verwenden, damit du auch Aquarellhintergründe dazu kombinieren kannst.

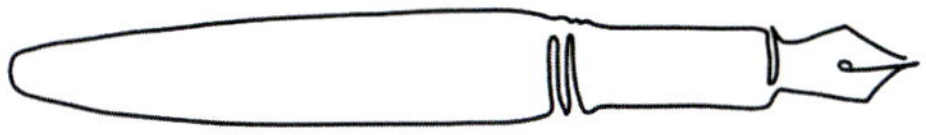

WASSERFESTER FILZSTIFT

Mit einem wasserfesten Permanentstift hast du die Möglichkeit, auch auf anderen Oberflächen zu zeichnen, beispielsweise auf einem Holzbrett. Ich verwende dafür gern den Permanent Marker 3000 von Edding.

PAPIER

Für deine One-Line-Zeichnungen kannst du jedes Papier verwenden. Wenn du allerdings zusätzlich mit Aquarellfarben arbeiten möchtest, solltest du Aquarellpapier nehmen. Es ist dicker als normales Papier und wellt sich nicht so leicht. Mein Favorit für die Kombination mit Aquarellhintergrund ist das Hahnemühle Expression Aquarellpapier mit einer Grammatur von 300 g/m².

FARBEN UND PINSEL

Aquarellfarben passen hervorragend zur One Line Art. Ihre Leuchtkraft verleiht dem Motiv eine besondere Spannung und harmonische Stimmung. Acryl- oder Gouachefarben sind von der Anmutung her etwas matter. Auch mit ihnen kannst du wunderbare abstrakte Hintergründe für deine Linienzeichnungen gestalten.
Hochwertige Farben gibt es zum Beispiel von den Firmen Schmincke, van Gogh oder Winsor & Newton.
Verwende zum Malen am besten Rundpinsel und kaufe lieber zwei hochwertige Pinsel in zwei unterschiedlichen Größen als ein preiswertes Pinselset – du wirst mehr Freude daran haben!

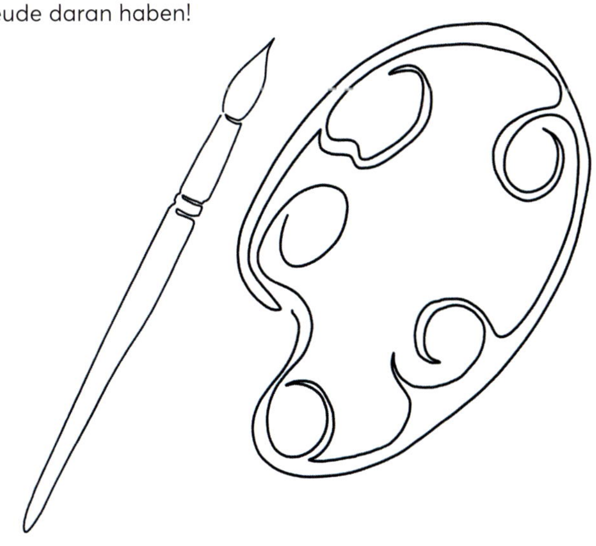

Zum Aufwärmen

Lockere als erstes deine Handgelenke. Zeichne einfache Wellenlinien, Schlaufen und abstrakte Formen. Ändere dabei immer wieder die Richtung deiner Zeichenhand (siehe Tipps, Seite 9). So trainierst du dein Handgelenk, um später eine flüssig durchgezogenen Linie zeichnen zu können. Aus der Schneckenform entwickeln wir später deine erste Blume. Wiederhole die Aufwärmübungen so lange, bis sie dir locker von der Hand gehen.

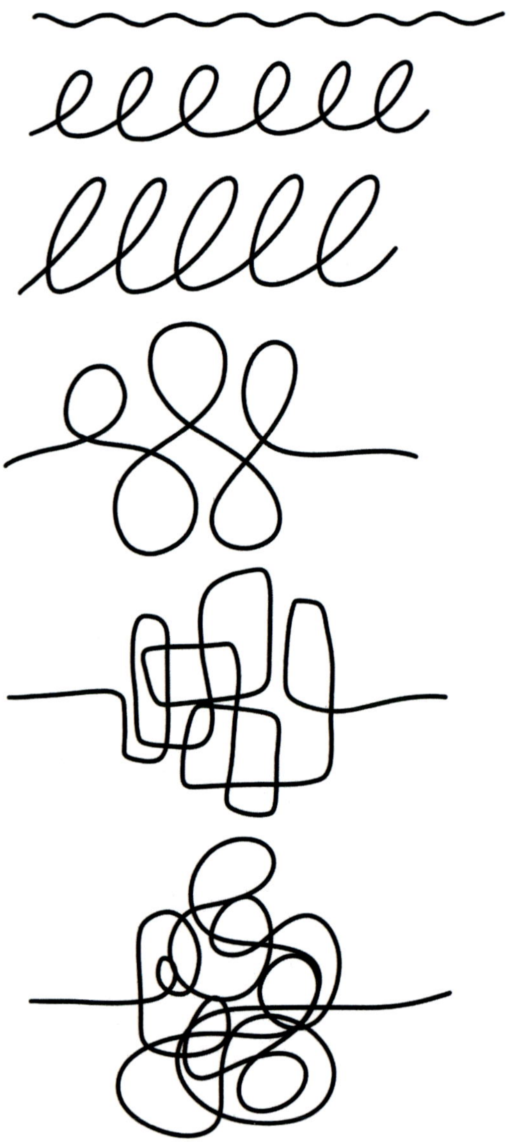

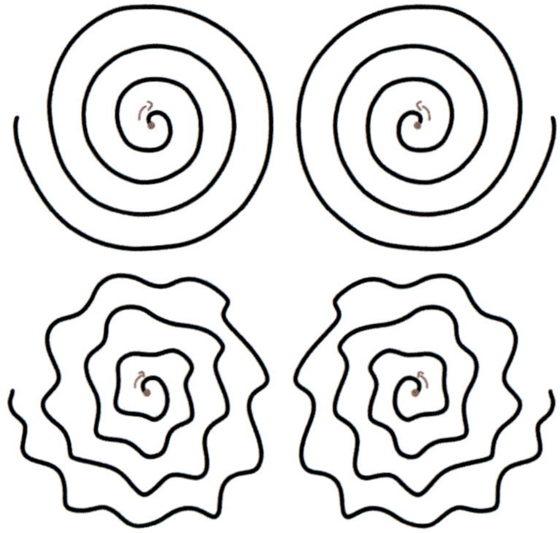

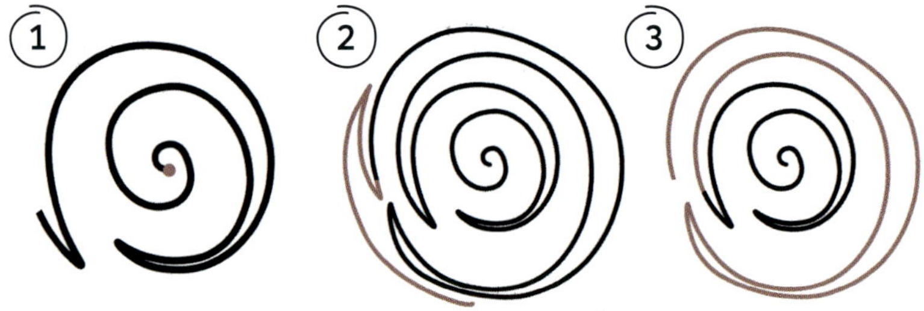

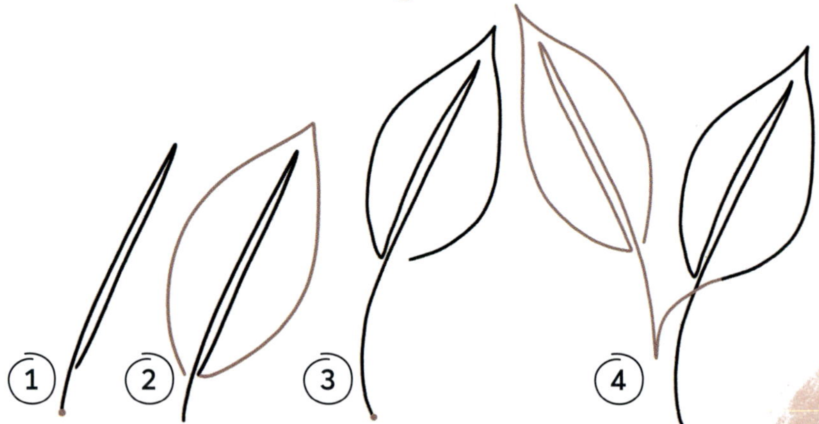

Deine erste Rose

Hast du die Schneckenform und die einzelnen Blätter fleißig geübt? Dann ist es jetzt Zeit für deine erste Blume. Kombiniere dafür eine wellenförmige Schneckenform mit wellenartigen Blattumrissen.

Wiederhole dieses Motiv immer wieder. Du wirst feststellen, dass dir automatisch neue Varianten einfallen, wie du die Linie führen kannst. Jedes Motiv wird individuell und anders aussehen. Genau das ist das Besondere an der One Line Art.

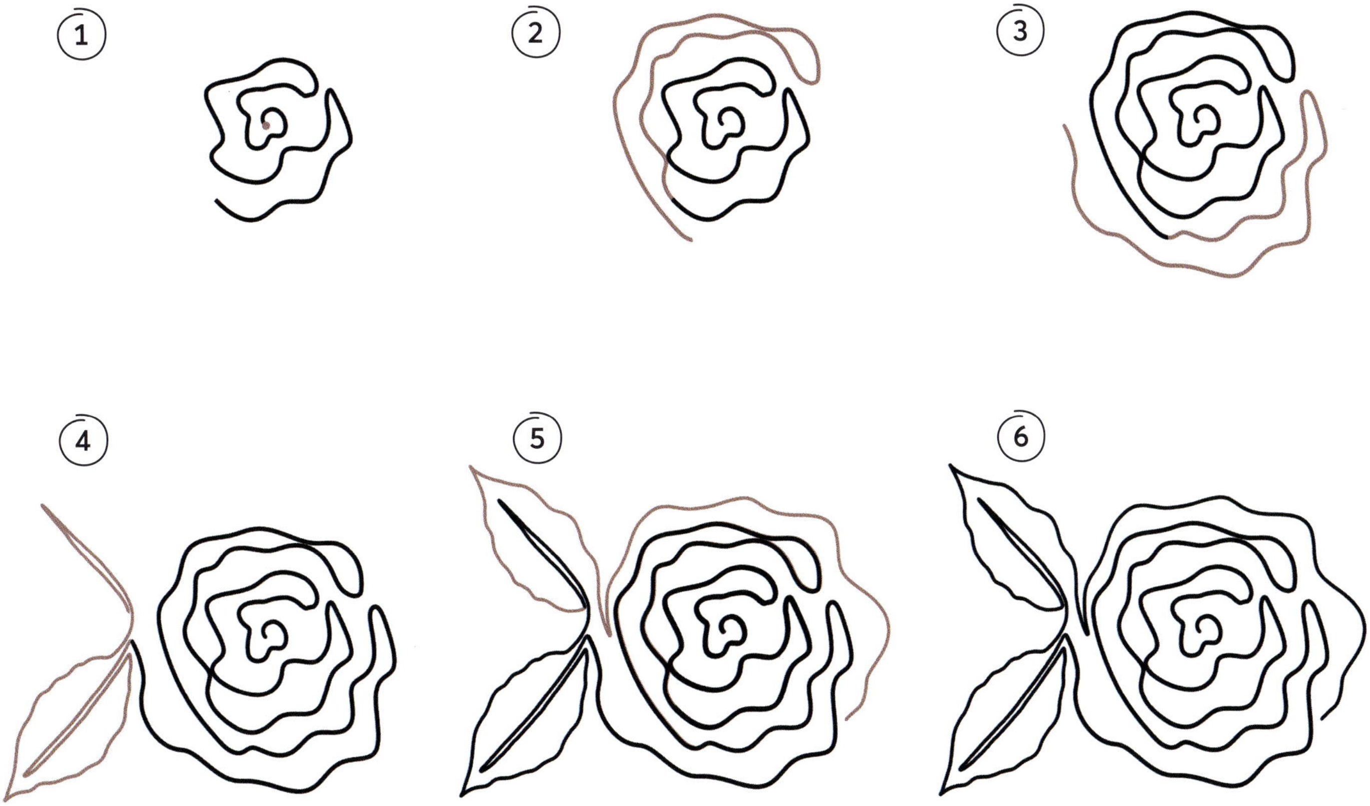

Blumen und Blätter

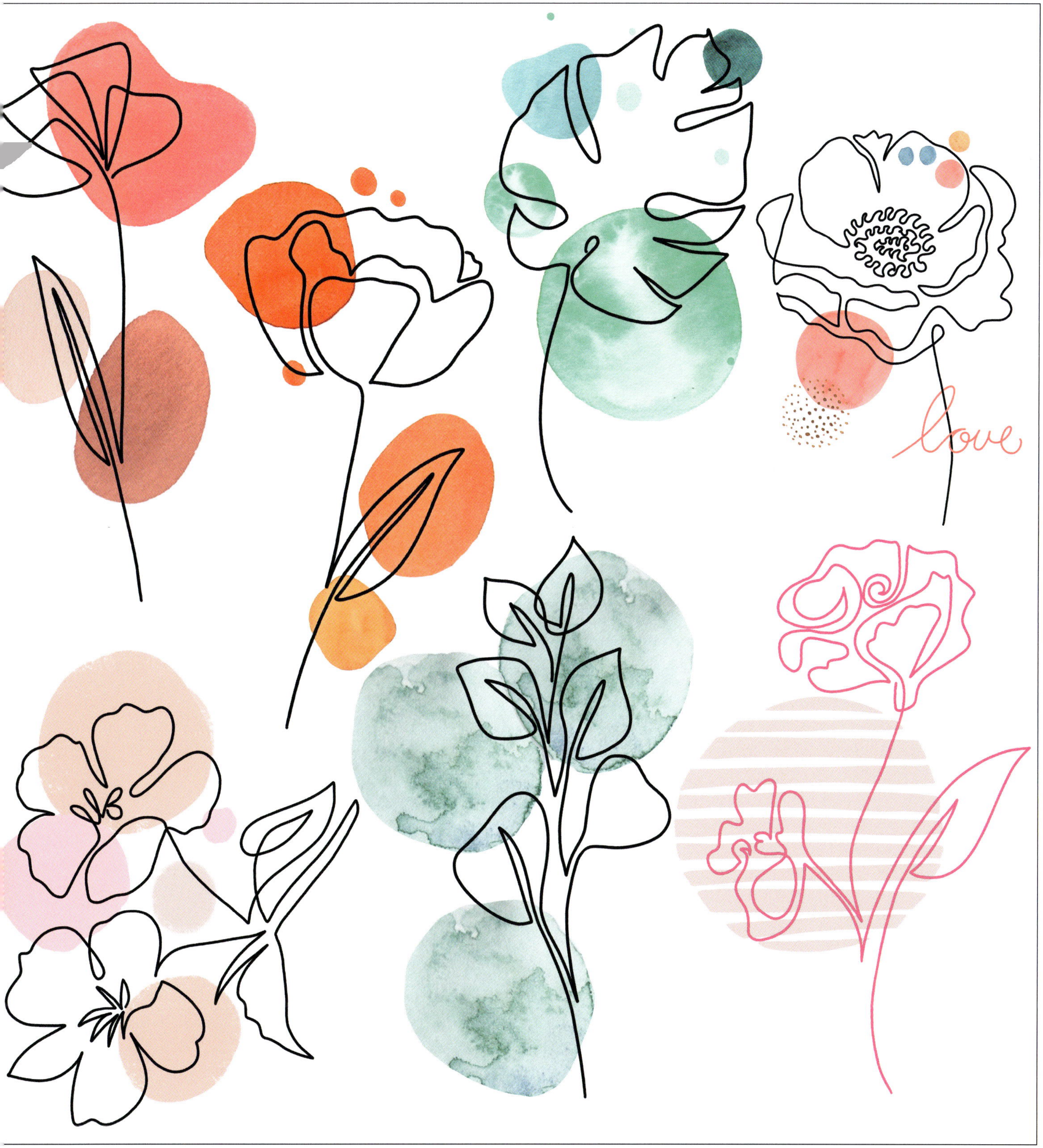
love

Einfache Blume

Wer freut sich nicht über ein Blümchen und einen netten Gruß? Eine einfache Blumenform, dazu noch ein wenig Farbe – schon ist dein erstes One-Line-Art-Bild zum Verschenken bereit.

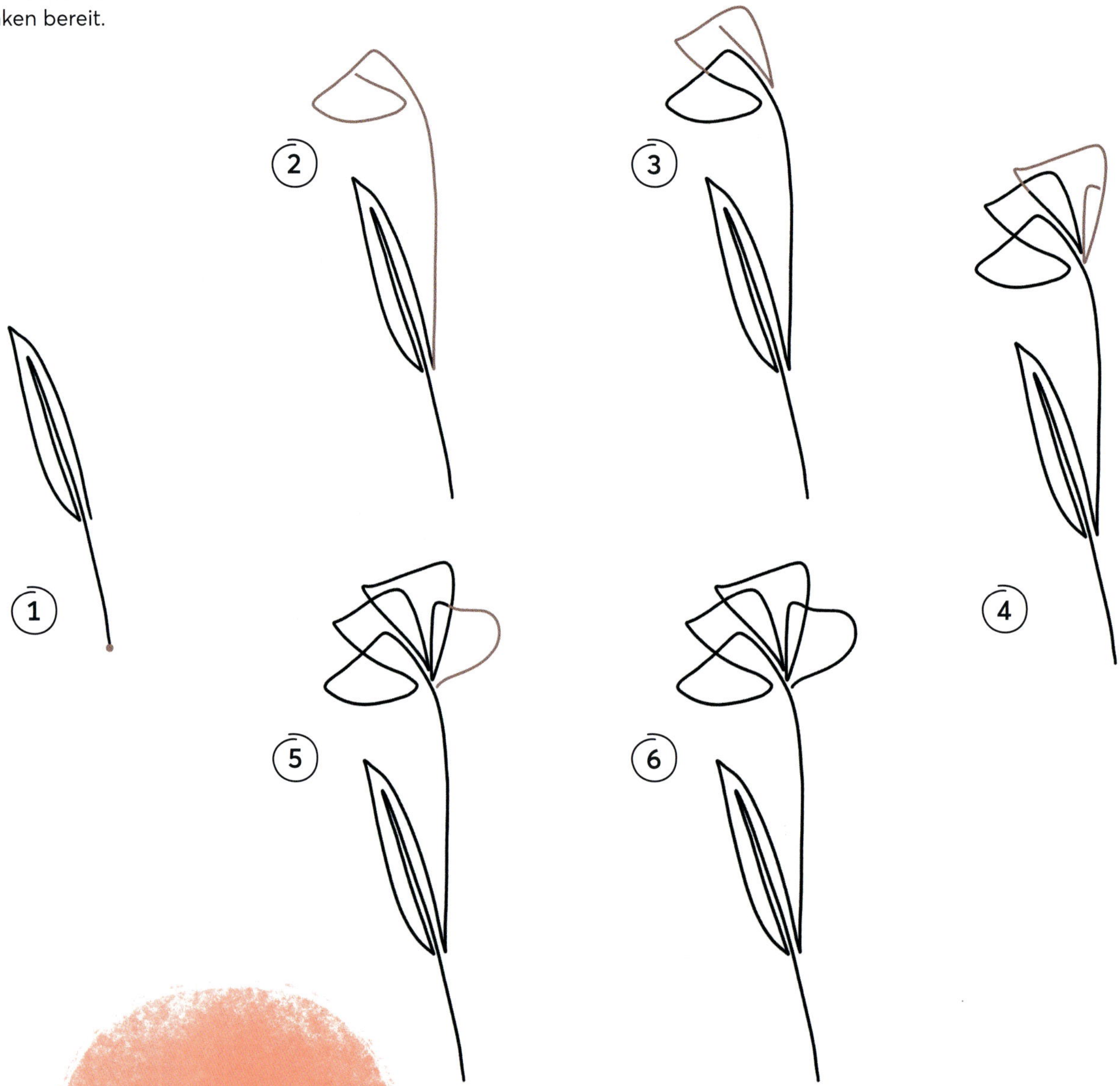

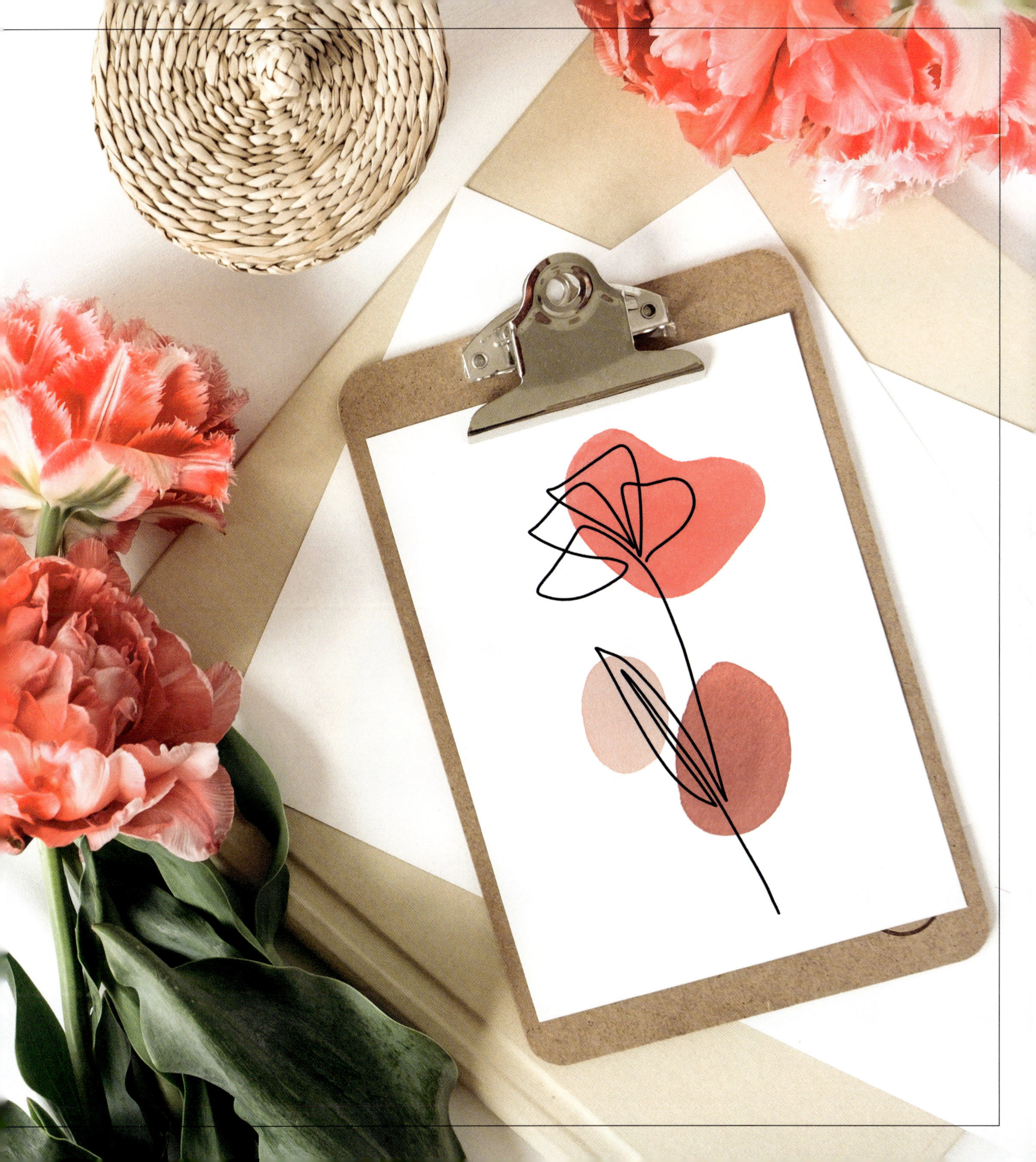

Pfingstrose

Im Frühling erwachen mit den warmen Sonnenstrahlen auch die Pfingstrosen. Ihre Zeit ist kurz, aber ihr Blütenrausch umso betörender. Einmal im Jahr verwöhnen sie uns mit ihrem verführerischen Duft und blühen in fast allen Farben.

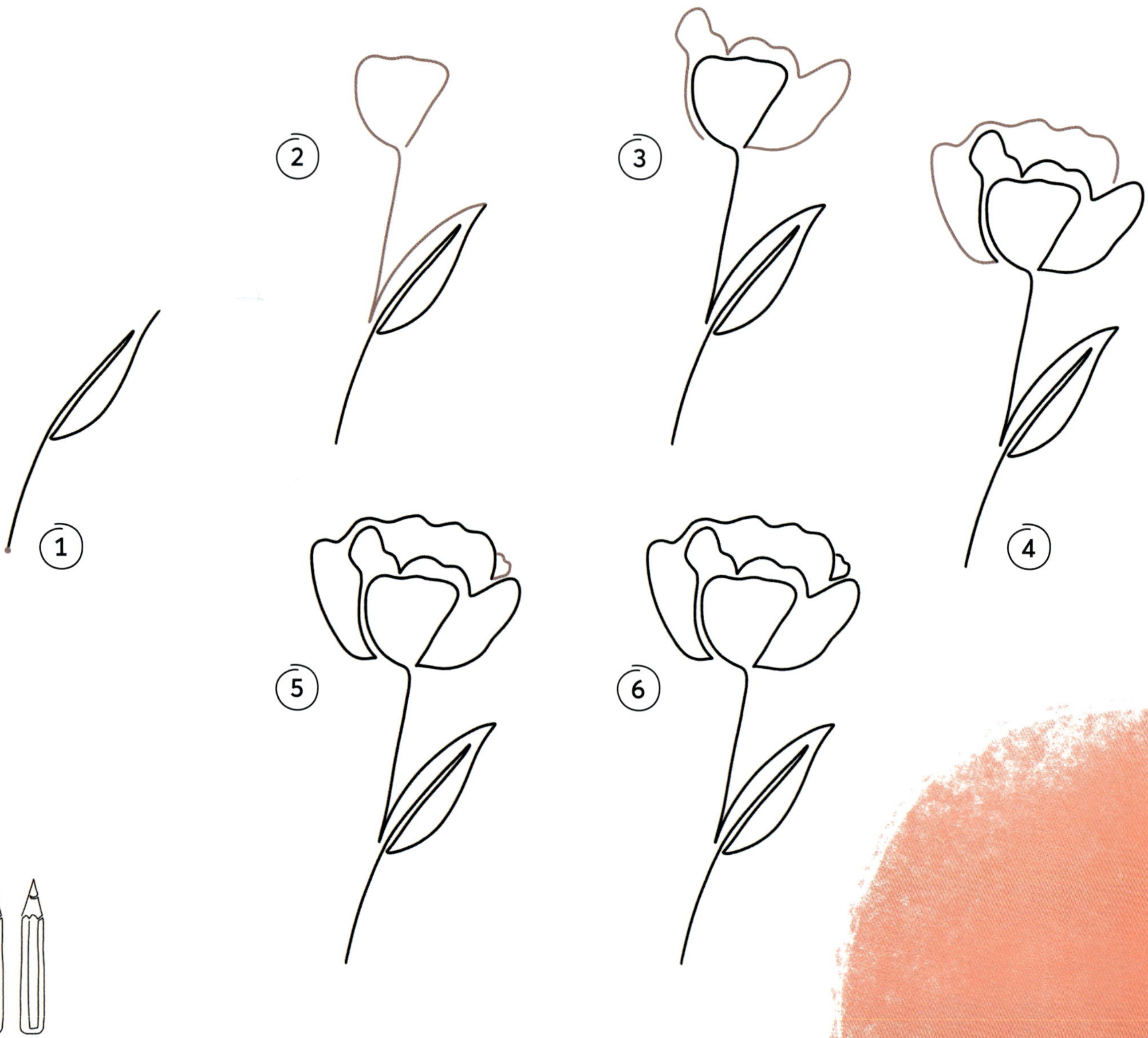

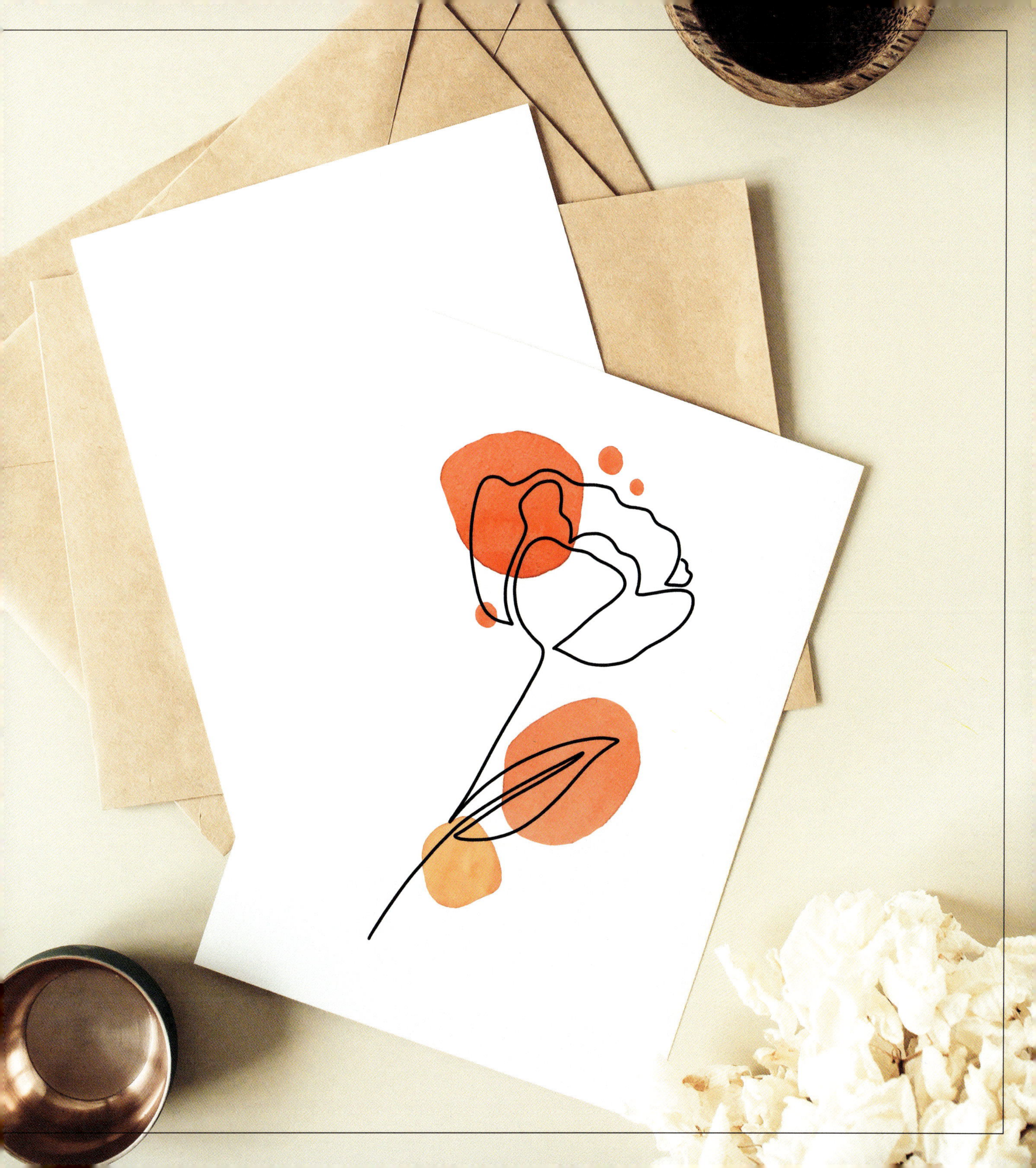

Monsterablatt

Die riesengroßen, auffällig geschlitzten Blätter der Monstera sind seit einigen Jahren Trend. Du kannst sie auf Textilien, Bildern, Kissen und sogar auf Tapeten bewundern. Die dekorative Pflanze, die übrigens auch Fensterblatt genannt wird, stammt aus Mittel- und Südamerika.

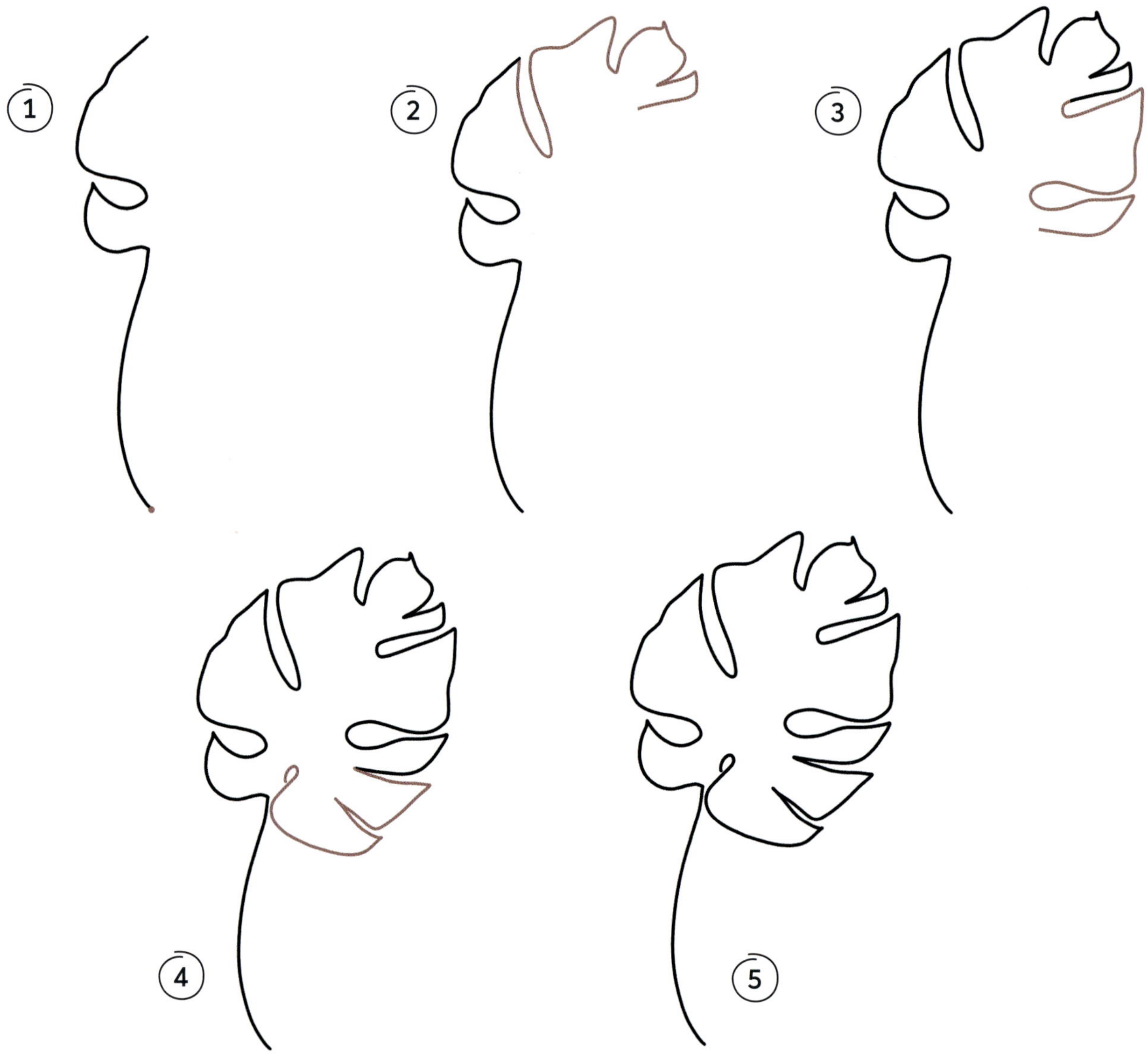

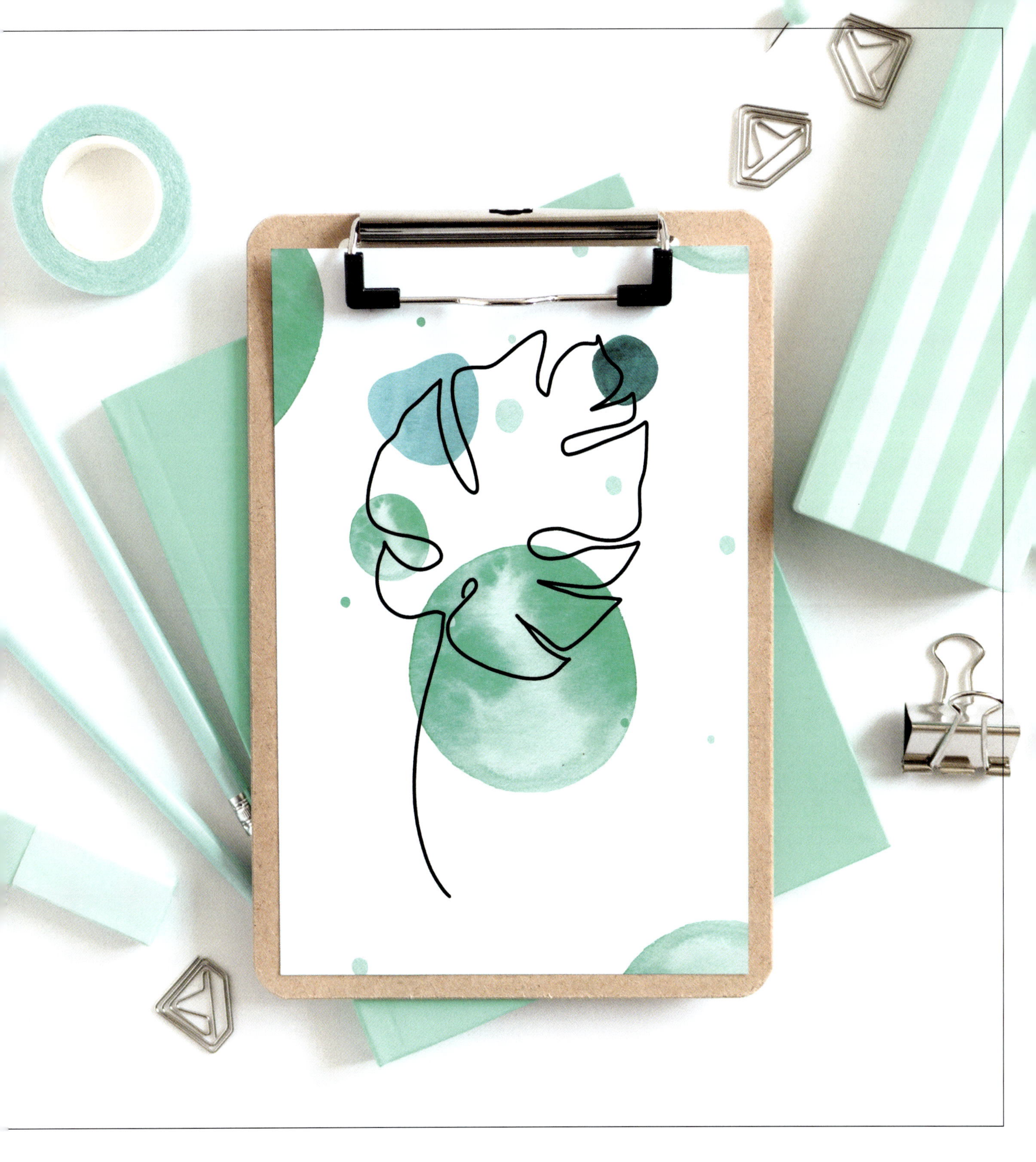

Eukalyptus Love

Auch der Eukalyptus hat sich zu einem echten Trendsetter gemausert. Gern stellt er seine zarte Schönheit als Tischdeko in Sträußen oder Kränzen zur Schau, sogar zu Weihnachten in unserem Adventskranz.

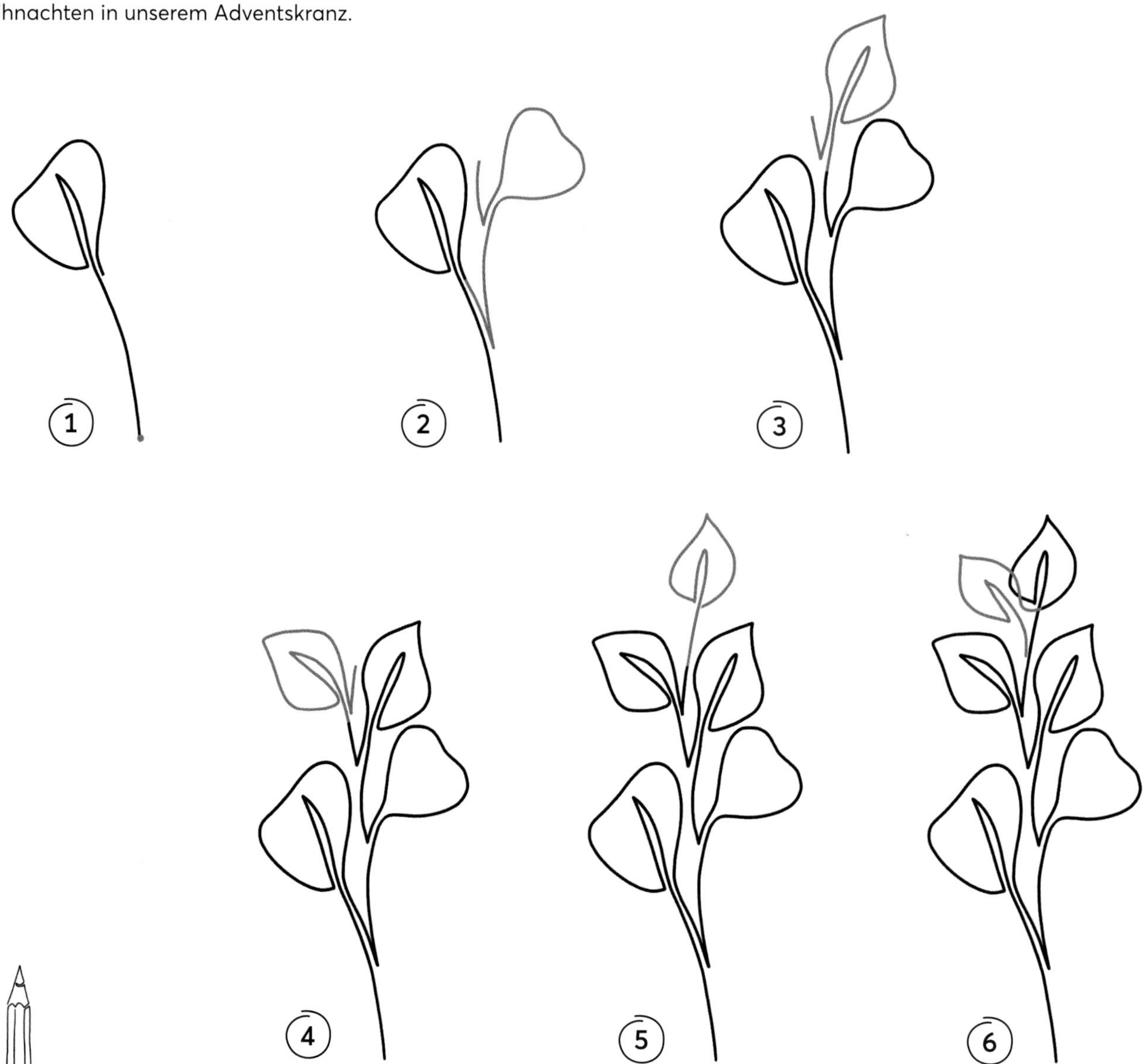

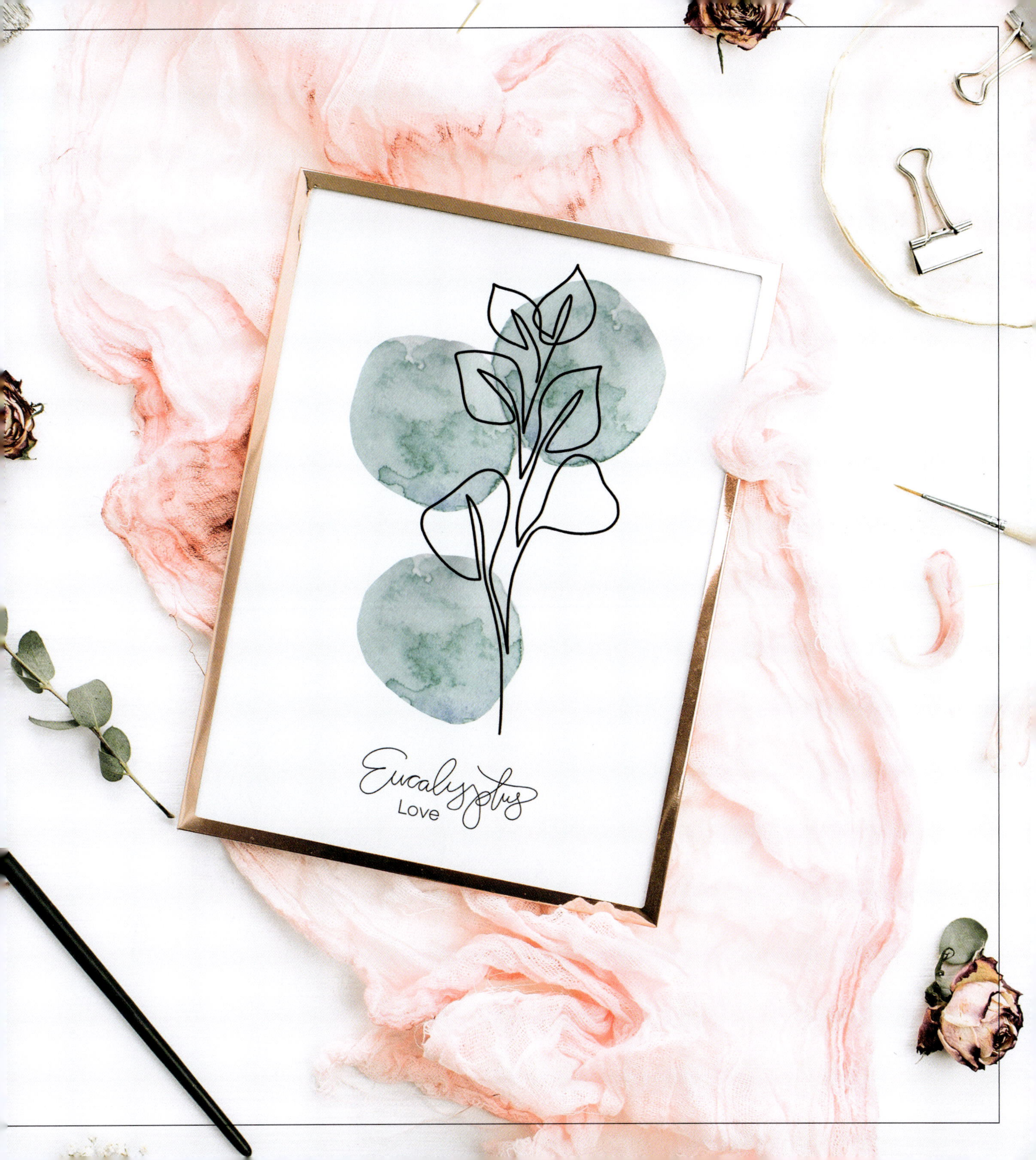
Eucalyptus
Love

Anemone

Diese zierlichen Schnittblumen kommen in jeder Vase wunderbar zur Geltung. Ihren Namen verdanken sie der Nymphe Anemona aus der griechischen Mythologie, die von der Göttin Flora in eine Blume verwandelt wurde.

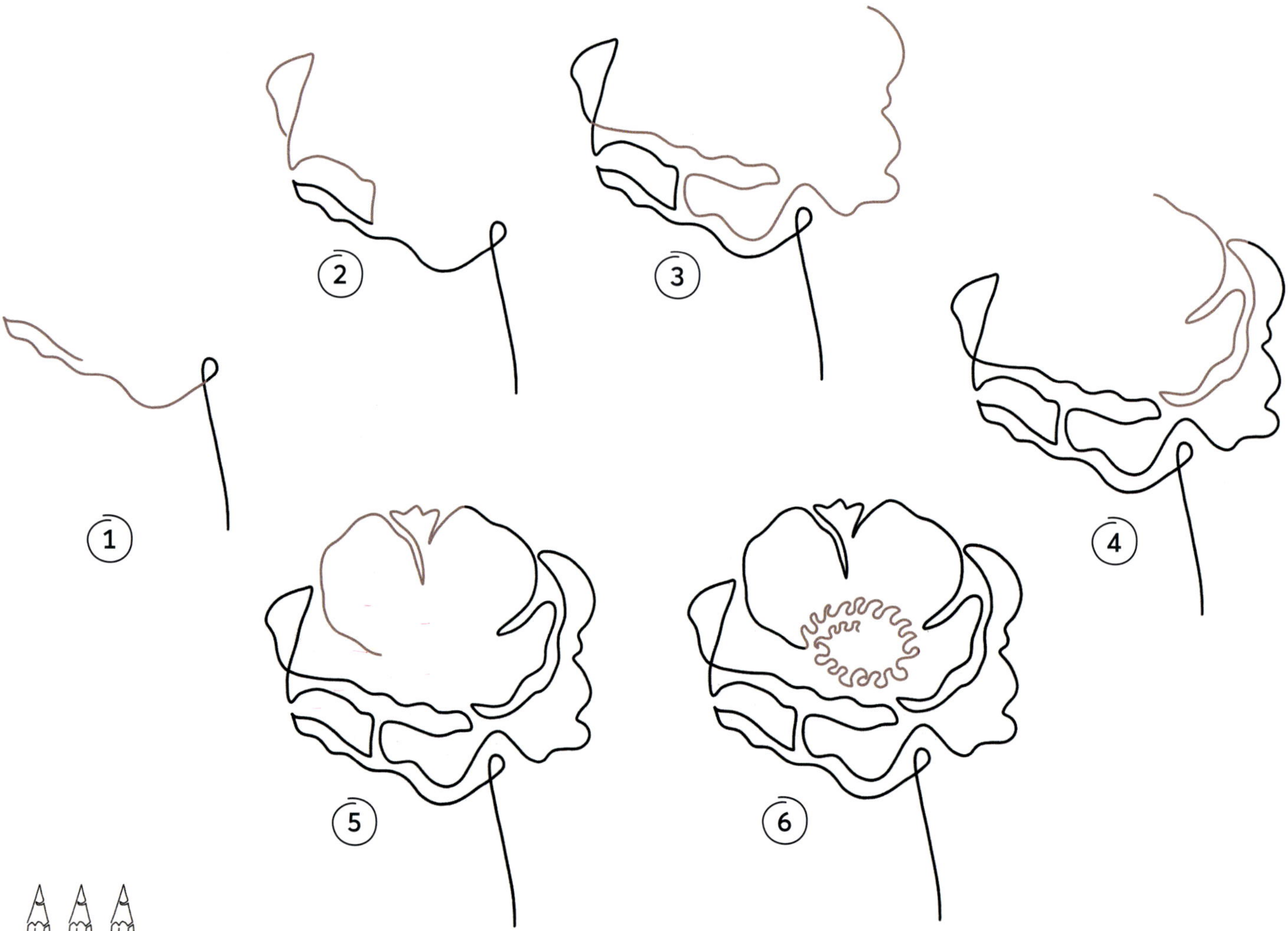

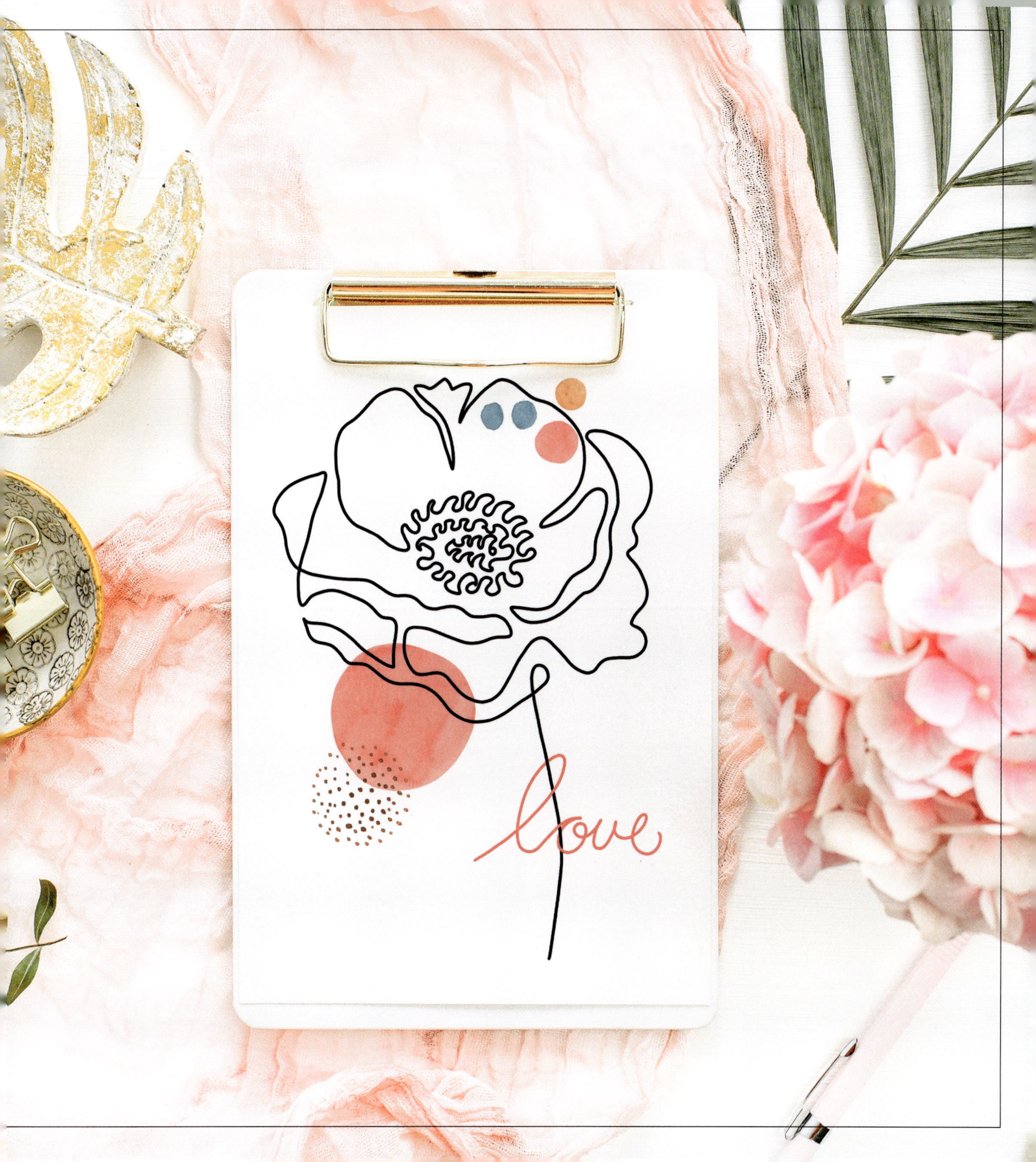
love

Blumenliebe

Es sind die kleinen, leisen Augenblicke, die uns zu verstehen geben, was Glück bedeutet und was wirklich wichtig ist. Mit einem stillem Gang durch Blumenwiesen eröffnet sich uns eine neue Sicht auf die Welt. Hier finden wir unsere Inspiration.

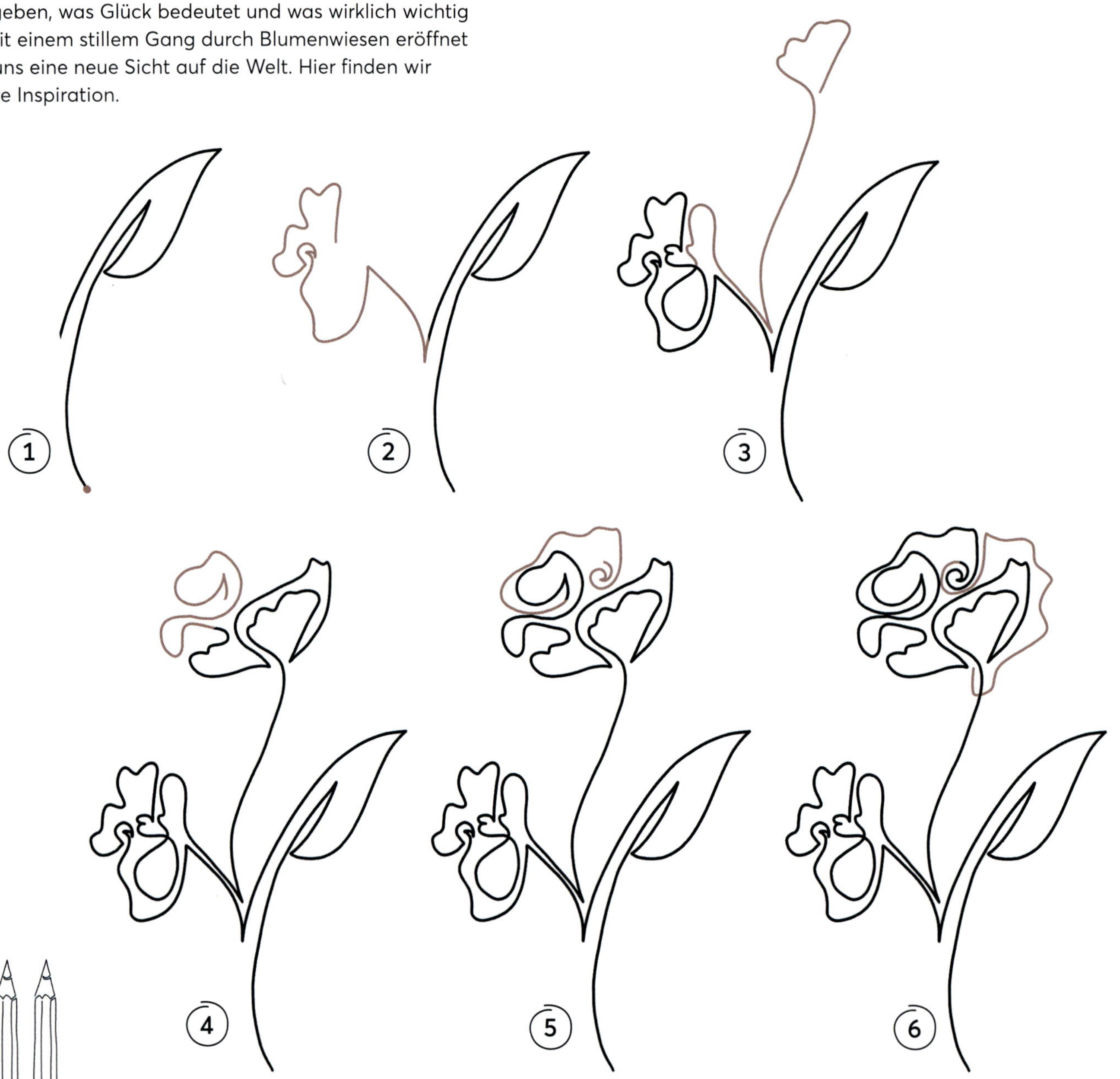

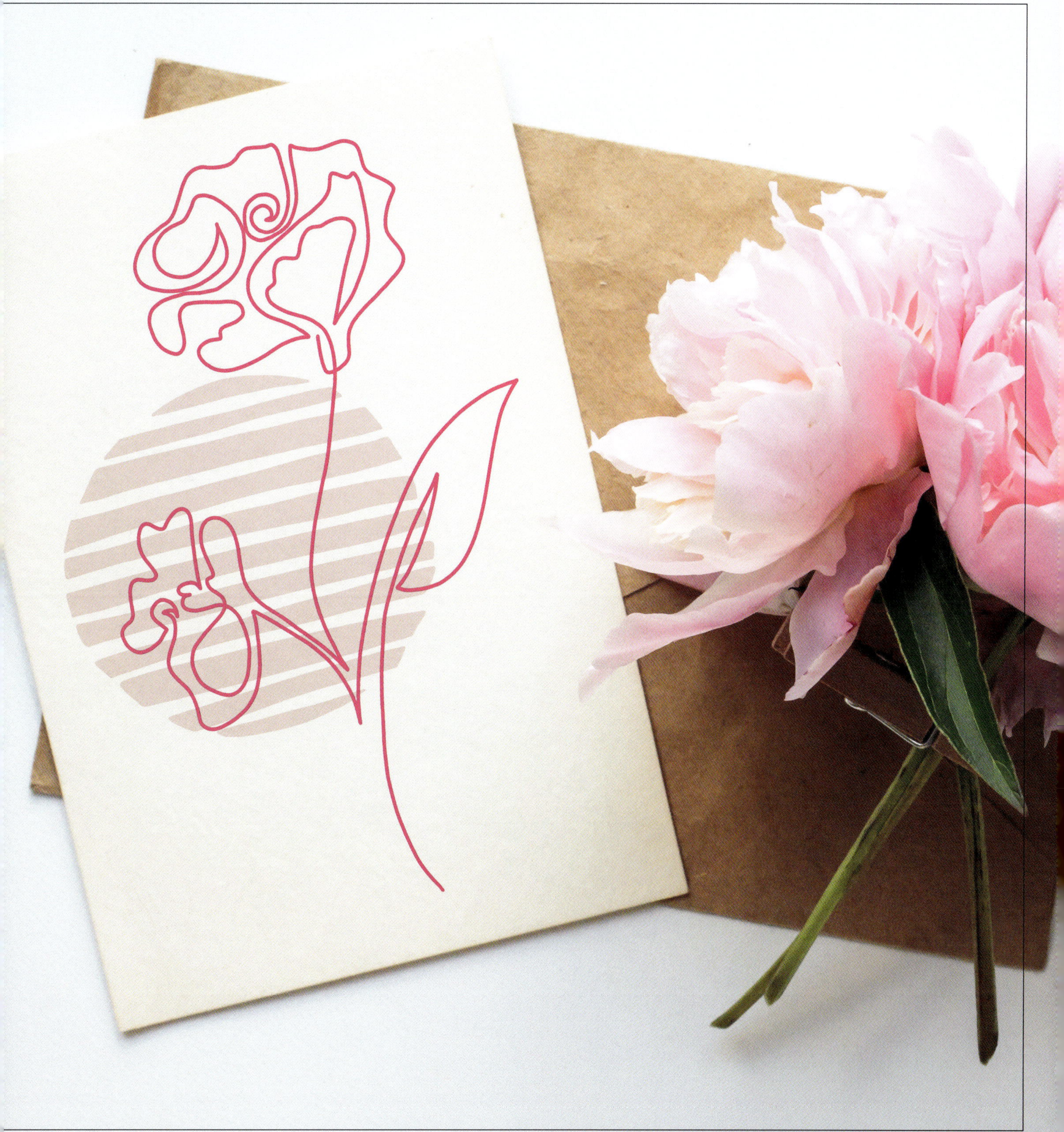

Kirschblüte

Jedes Jahr freue ich mich auf das schöne Zartrosa der vielen Kirschbäume. In Kombination mit einem blauen Himmel ist dies für mich der Inbegriff des Frühlings. In Japan wird die Kirschblüte sogar mit Picknicks und Festen unter den Kirschbäumen gefeiert.

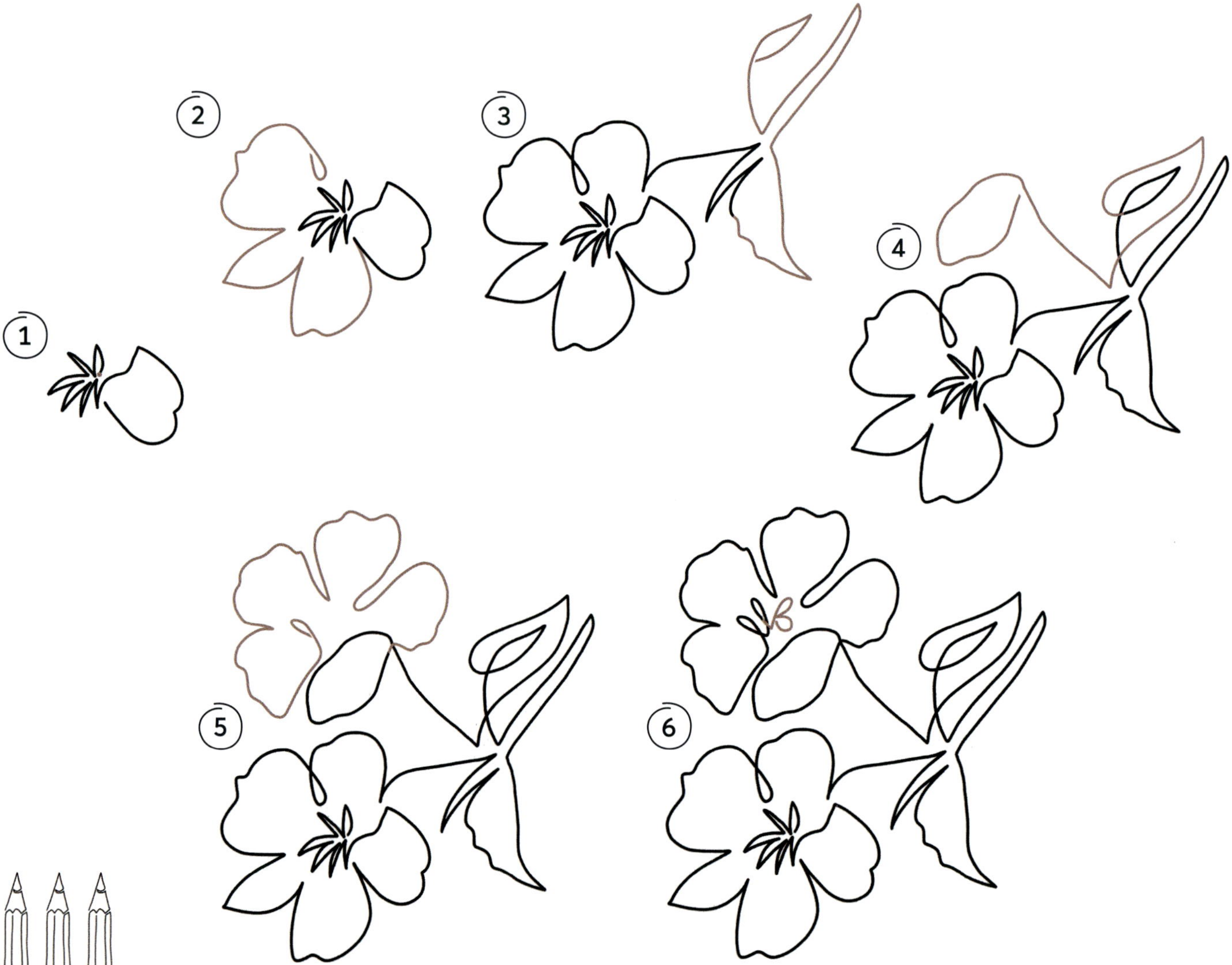

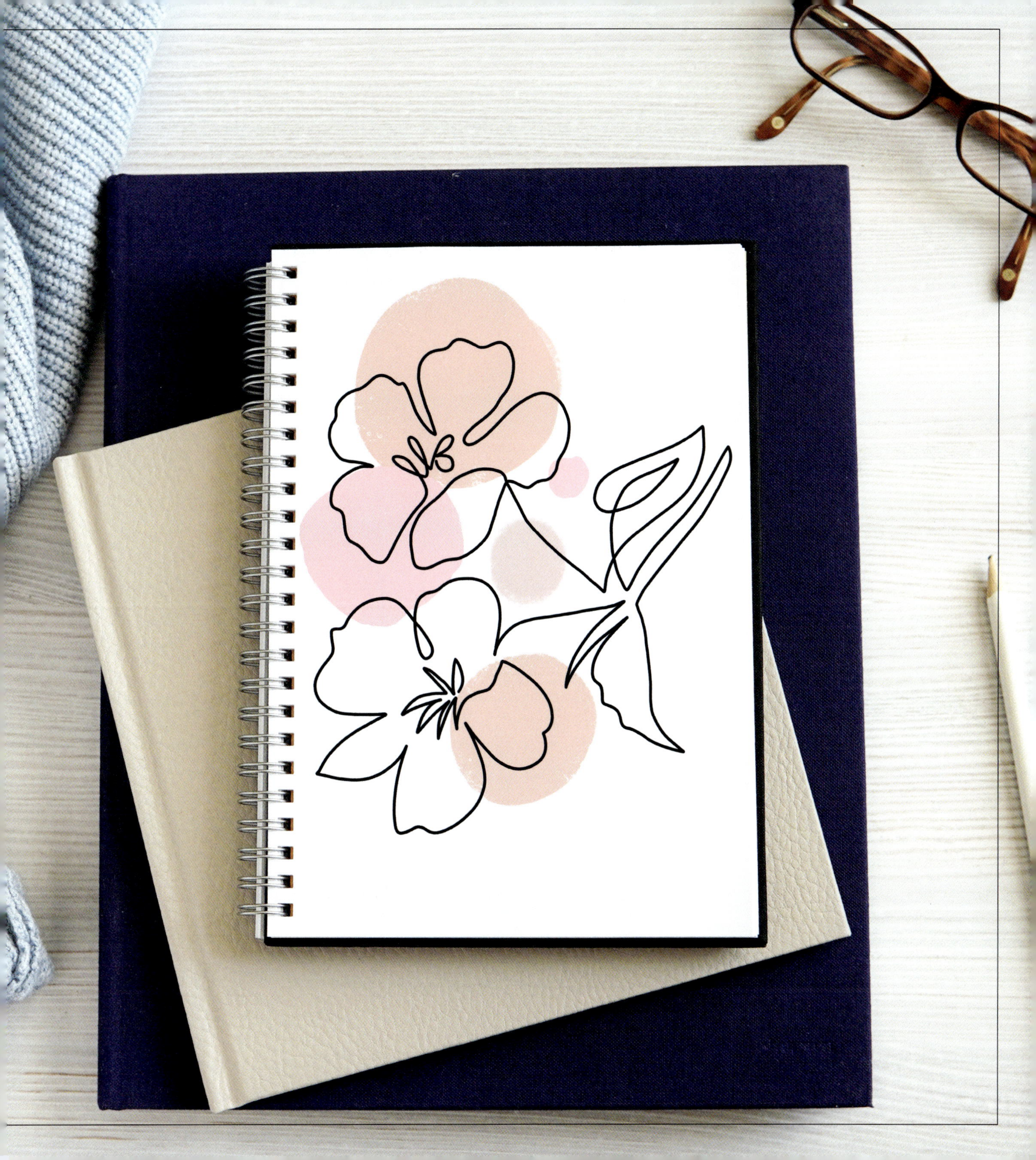

Pflanzen

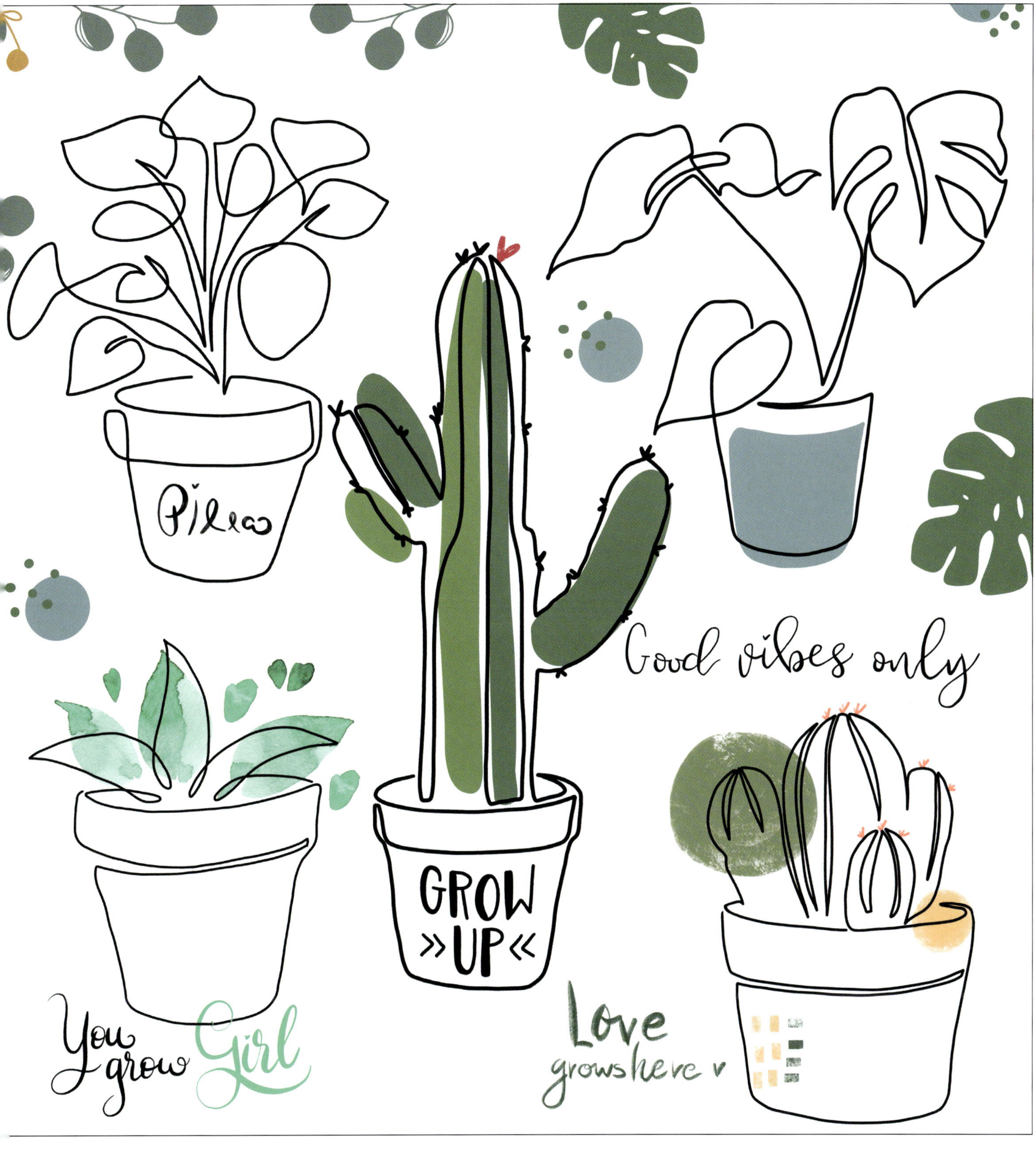
Pilea
GROW
»UP«
Good vibes only
You grow Girl
Love
grows here

Grüner Gruß

Zeige deinen Lieben mit einer selbstgestalteten Grußkarte, wie wertvoll sie für dich sind.

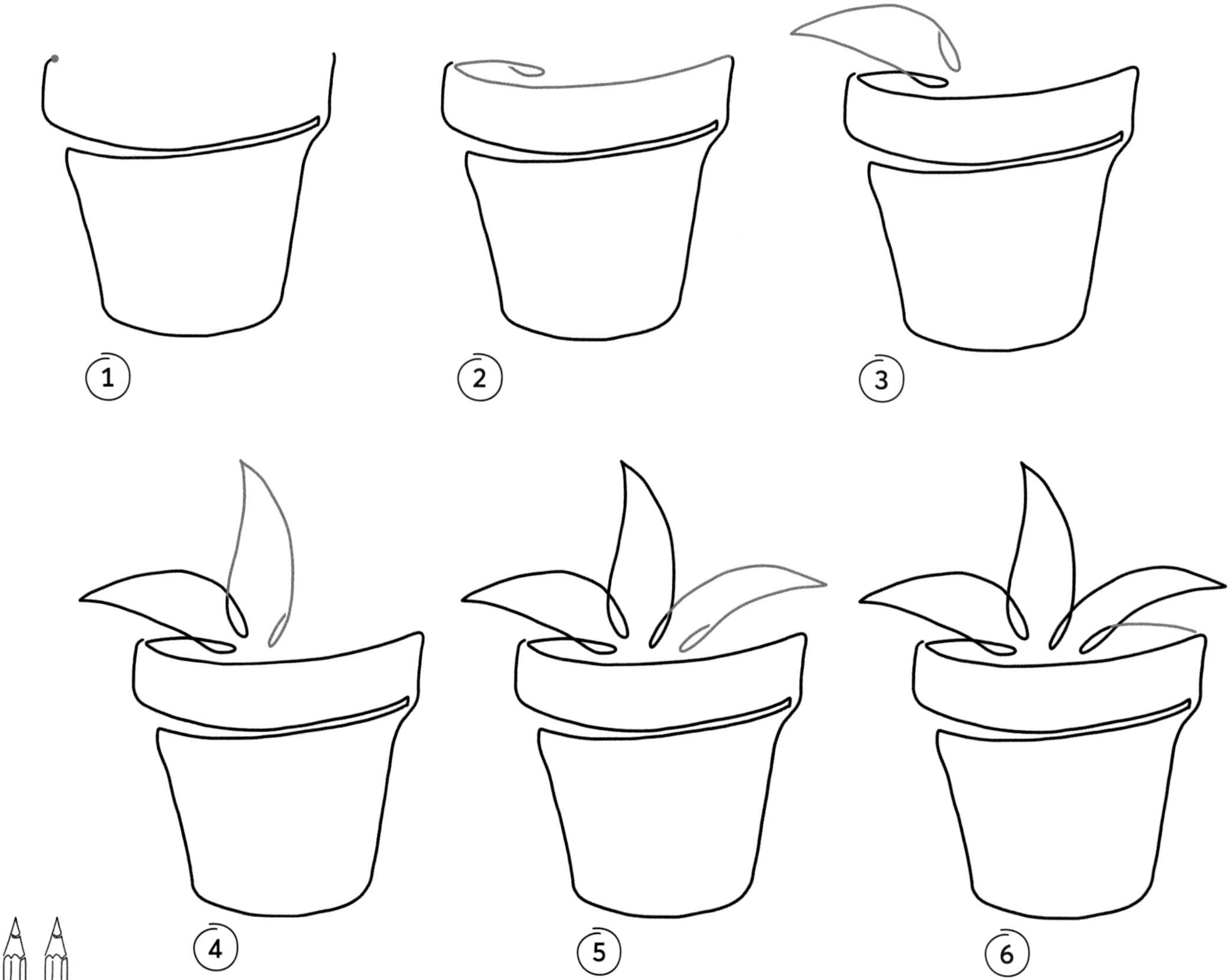

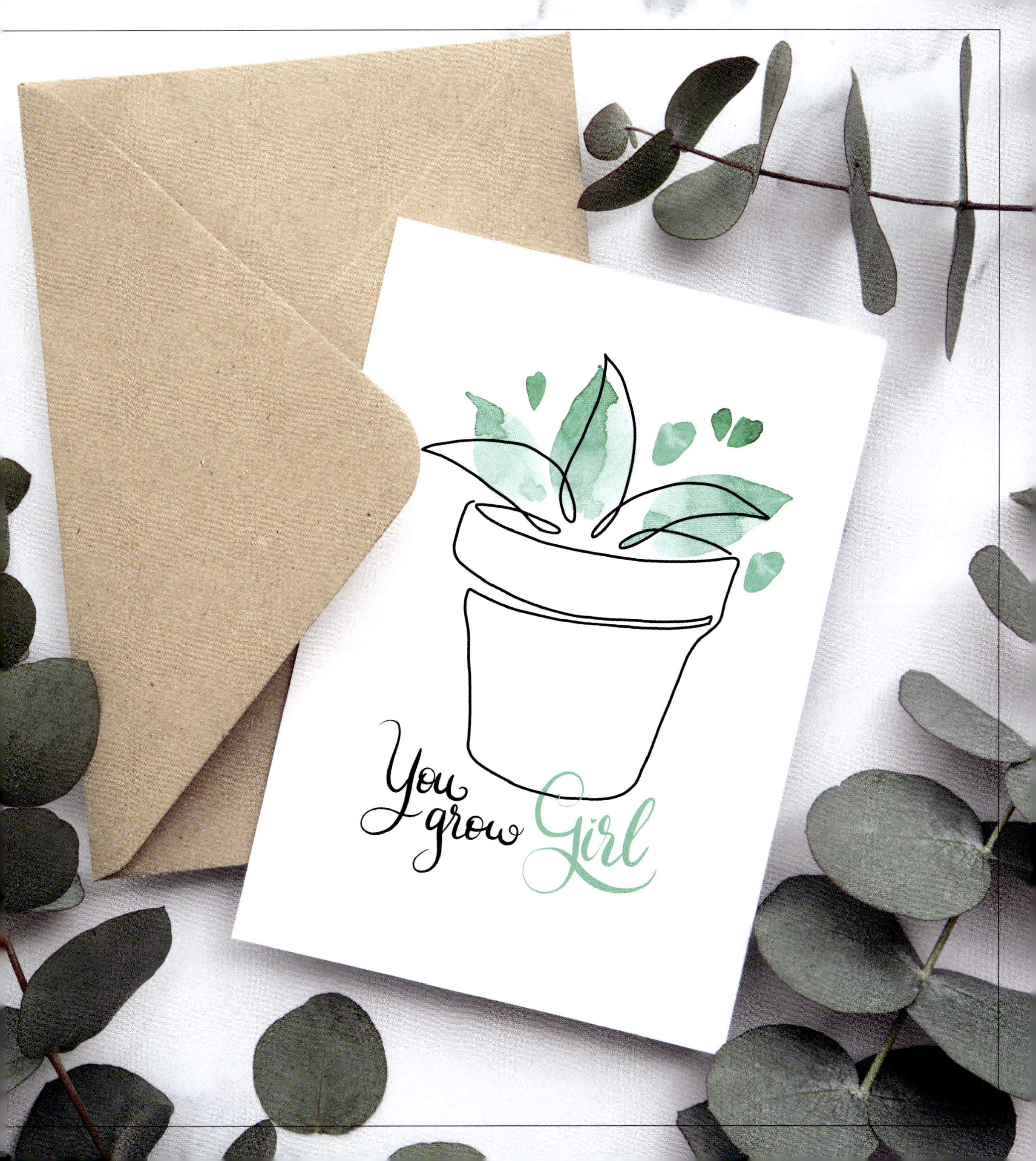
You grow Girl

Glückstaler

Frische, Natur und vielleicht ein bisschen Glück bringt die Pilea in dein Zuhause. Sie ist eine beliebte und pflegeleichte Zimmerpflanze, die auch Glückstaler genannt wird.

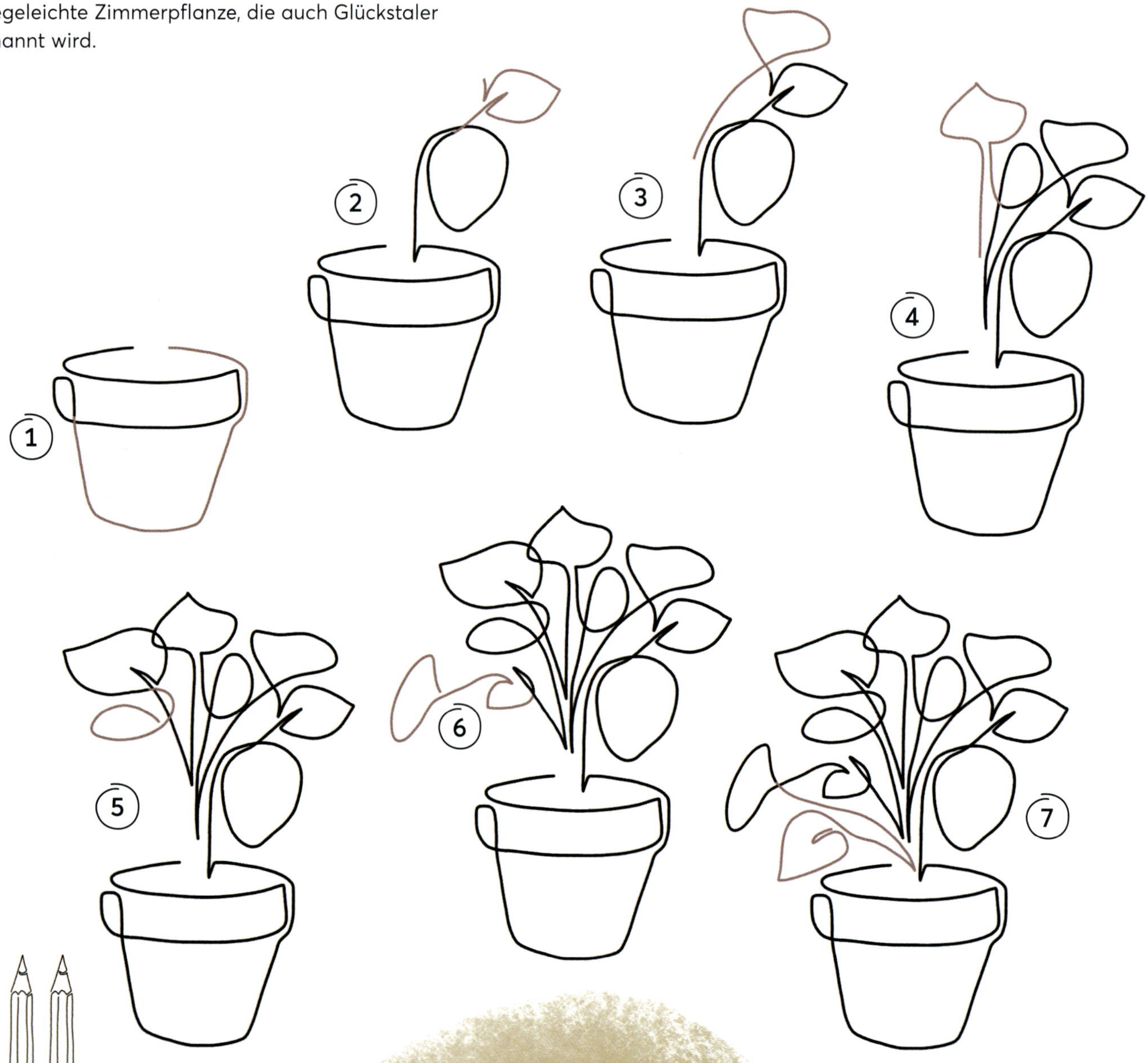

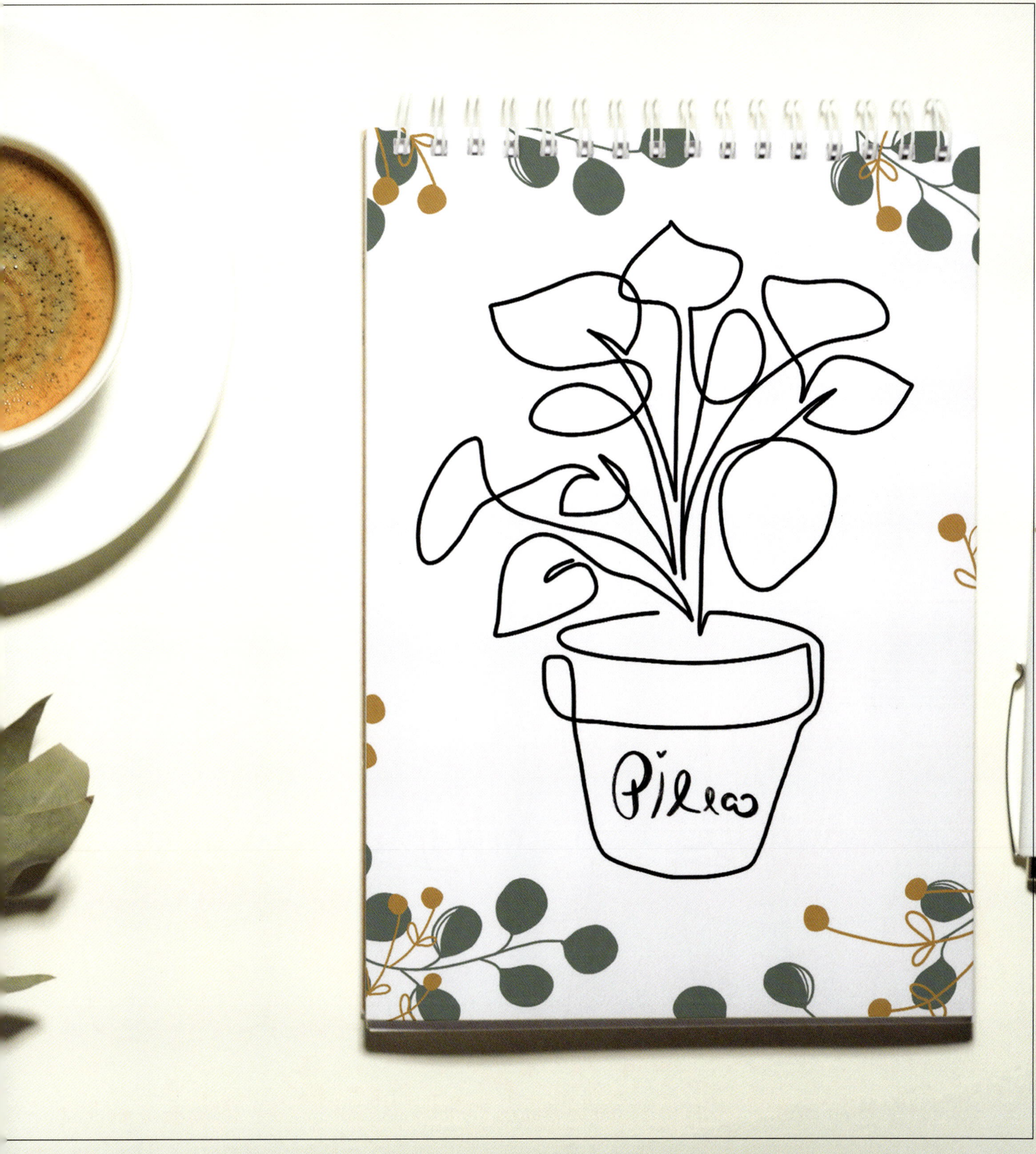
Pilea

Mein kleiner grüner Freund

Gefühlt ist er überall: Wir finden unseren kleinen grünen Freund nicht nur auf der Fensterbank, sondern auch auf Keramik, Postern, Notiz- und Tagebüchern oder Dekostoffen. Der stachlige Geselle lässt sich nämlich wunderbar in Szene setzten.

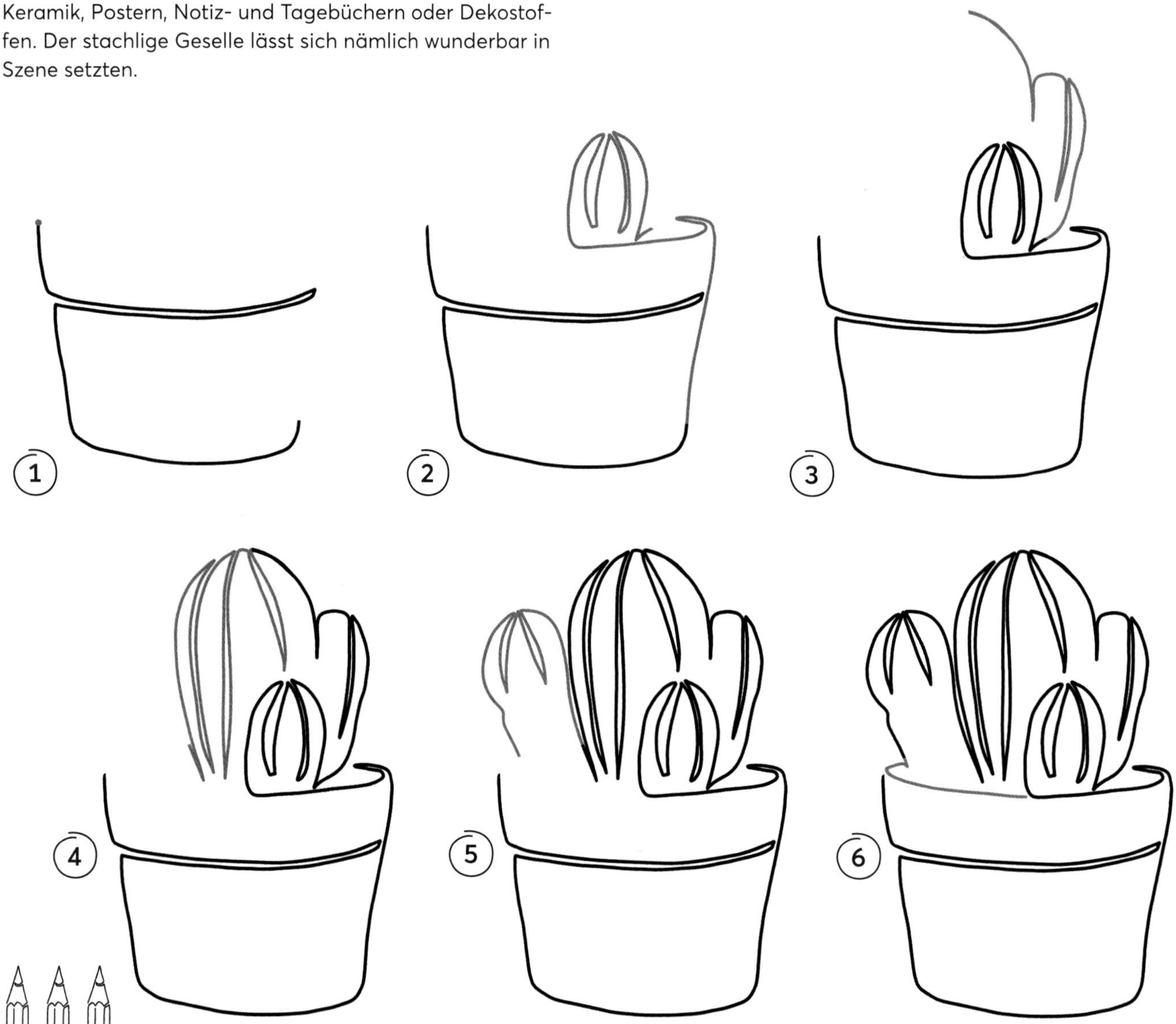

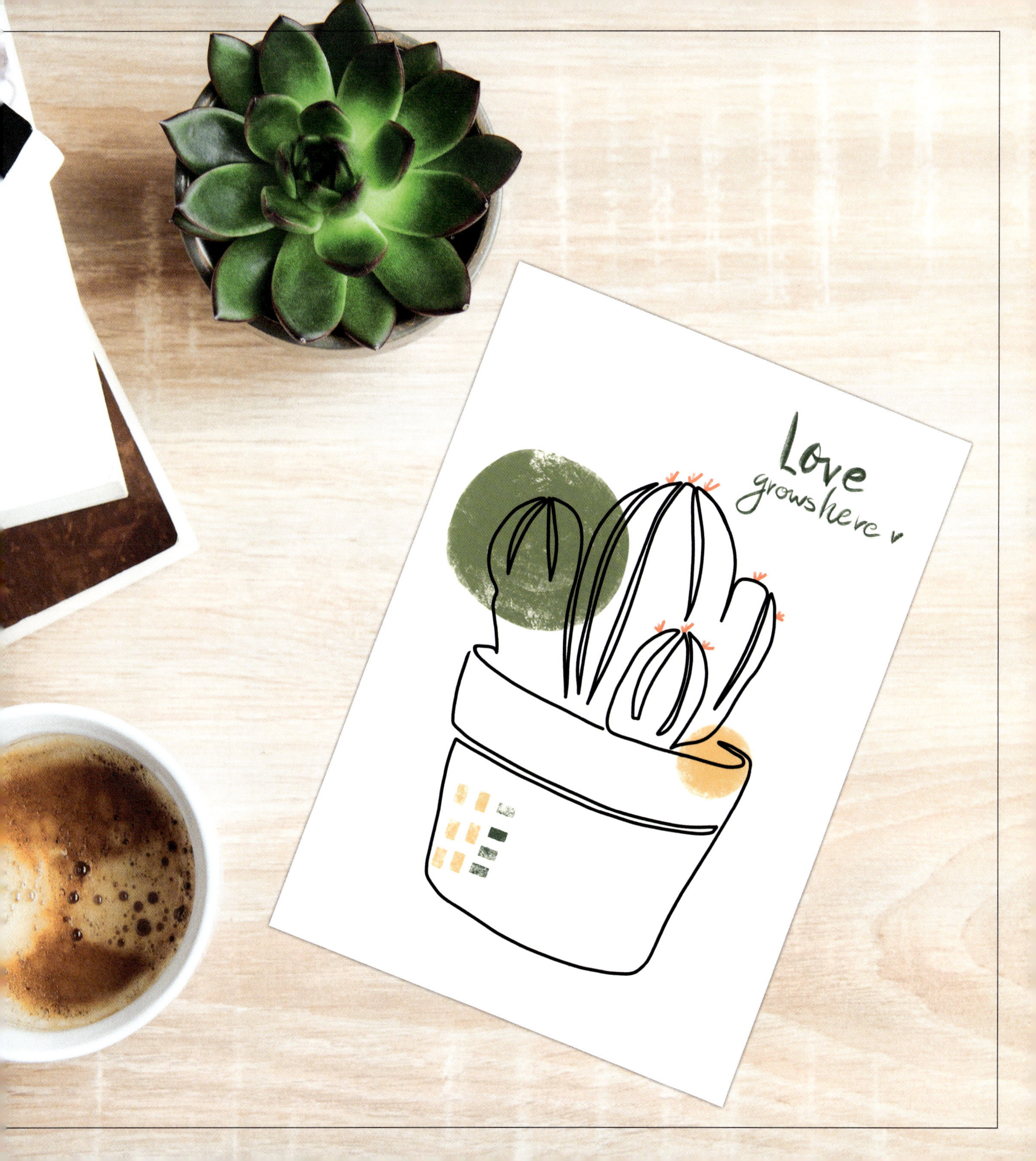
Love
grows here

Happy Kaktus

Wusstest du, dass Kakteen geniale Überlebungskünstler im Pflanzenreich sind? Diese Wüstenpflanzen haben sich nicht nur einen Platz in meinem Wohnzimmer erobert, sondern auch in meinem Zeichenherzen.

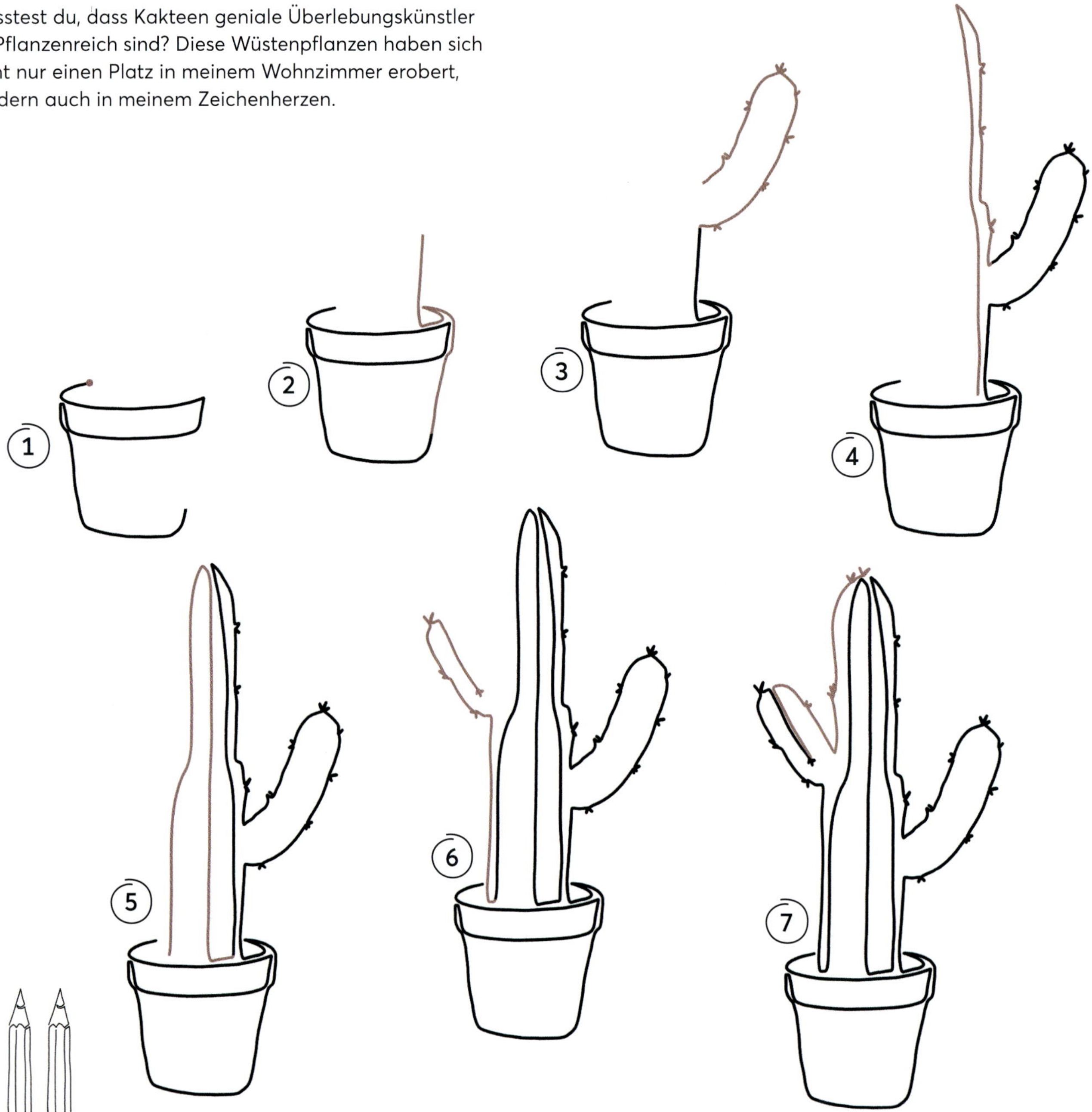

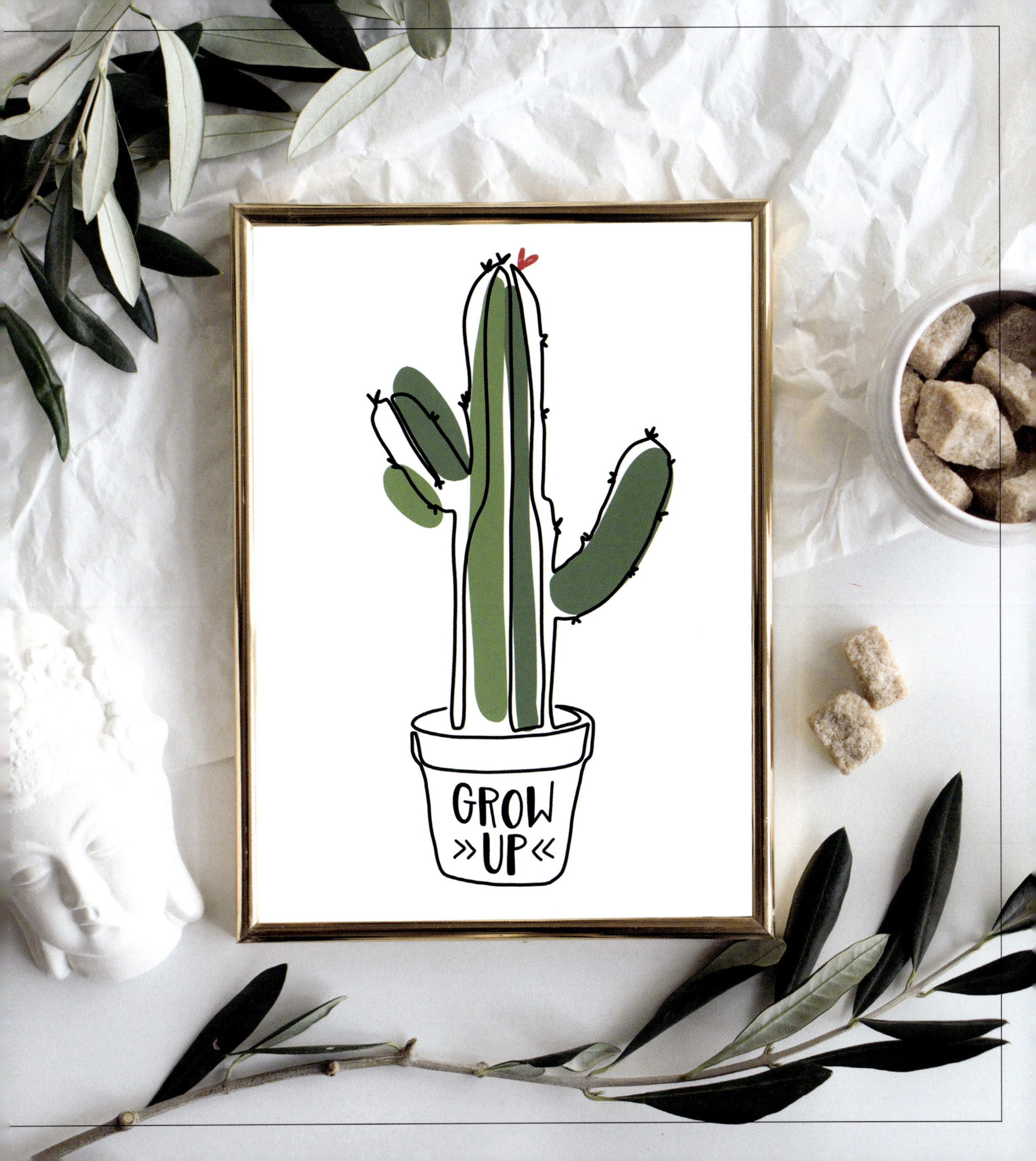
GROW
»UP«

Botanical Style

Nicht nur Pflanzen bringen Gemütlichkeit in unser Zuhause, sondern auch Bilder im Botanical Style. Zum Beispiel das Motiv der dekorativen Monstera, die deine Wände ziert und in Kombination mit Topfpflanzen den Dschungel in dein Haus holt.

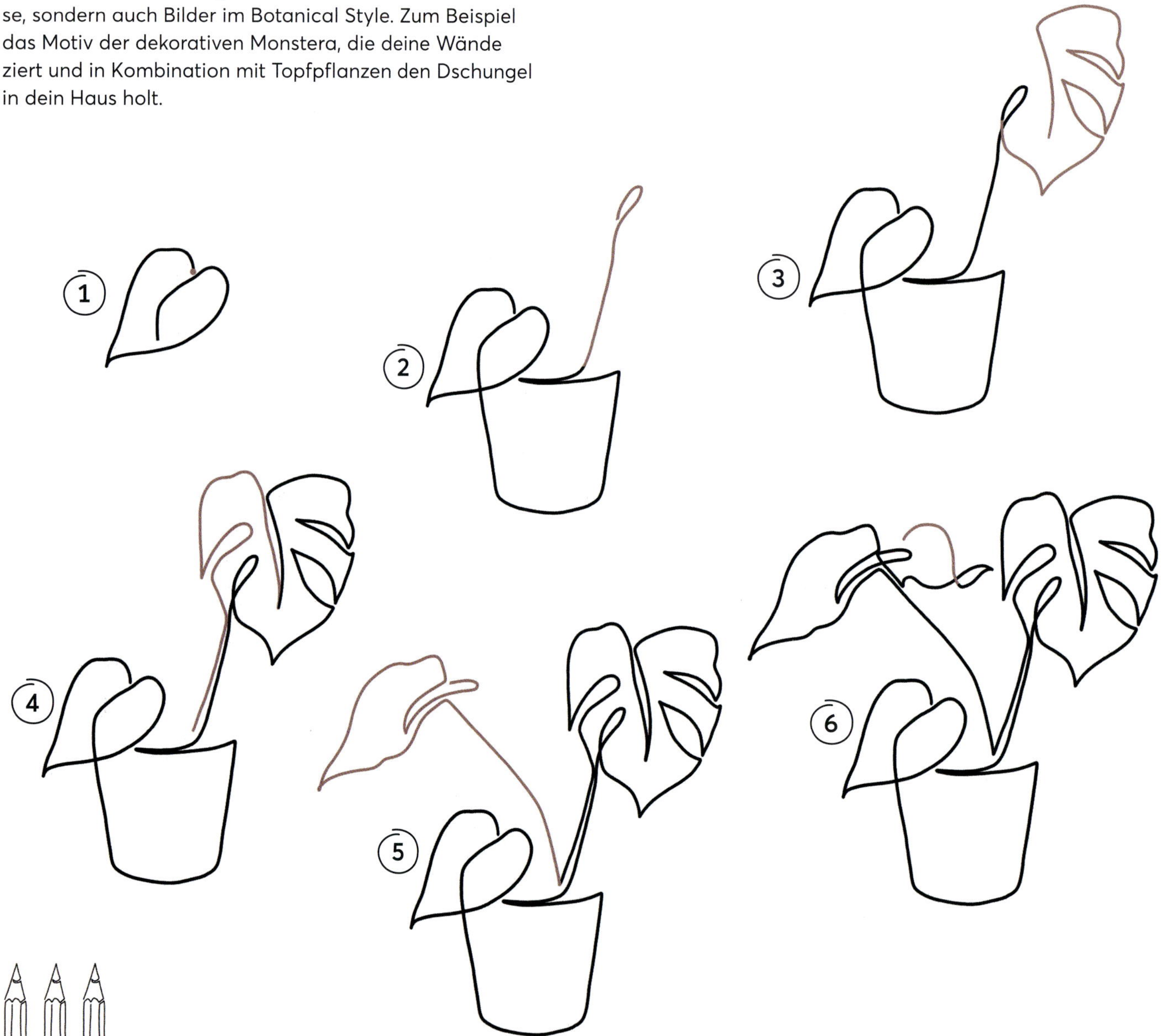

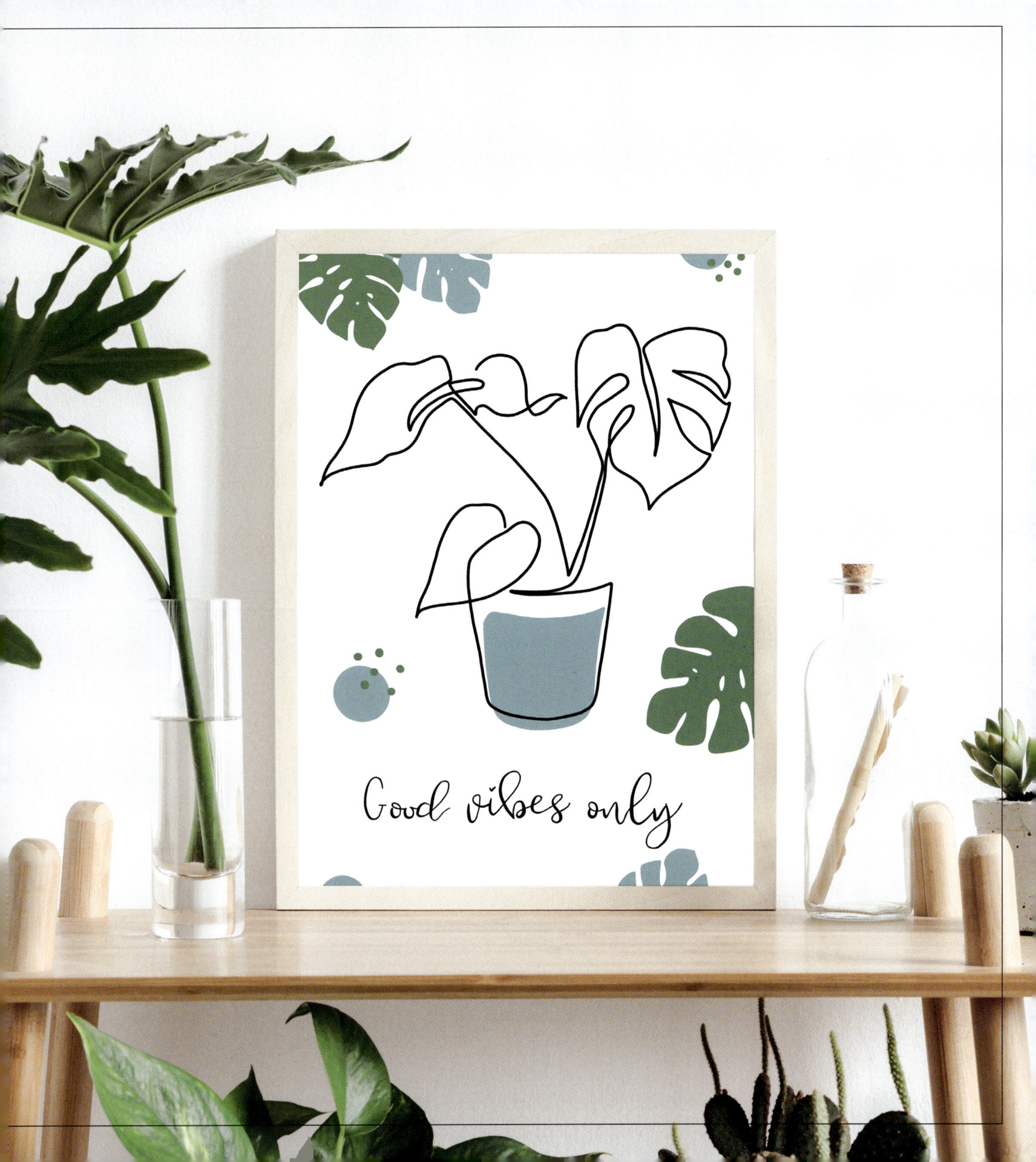
Good vibes only

Gesichter

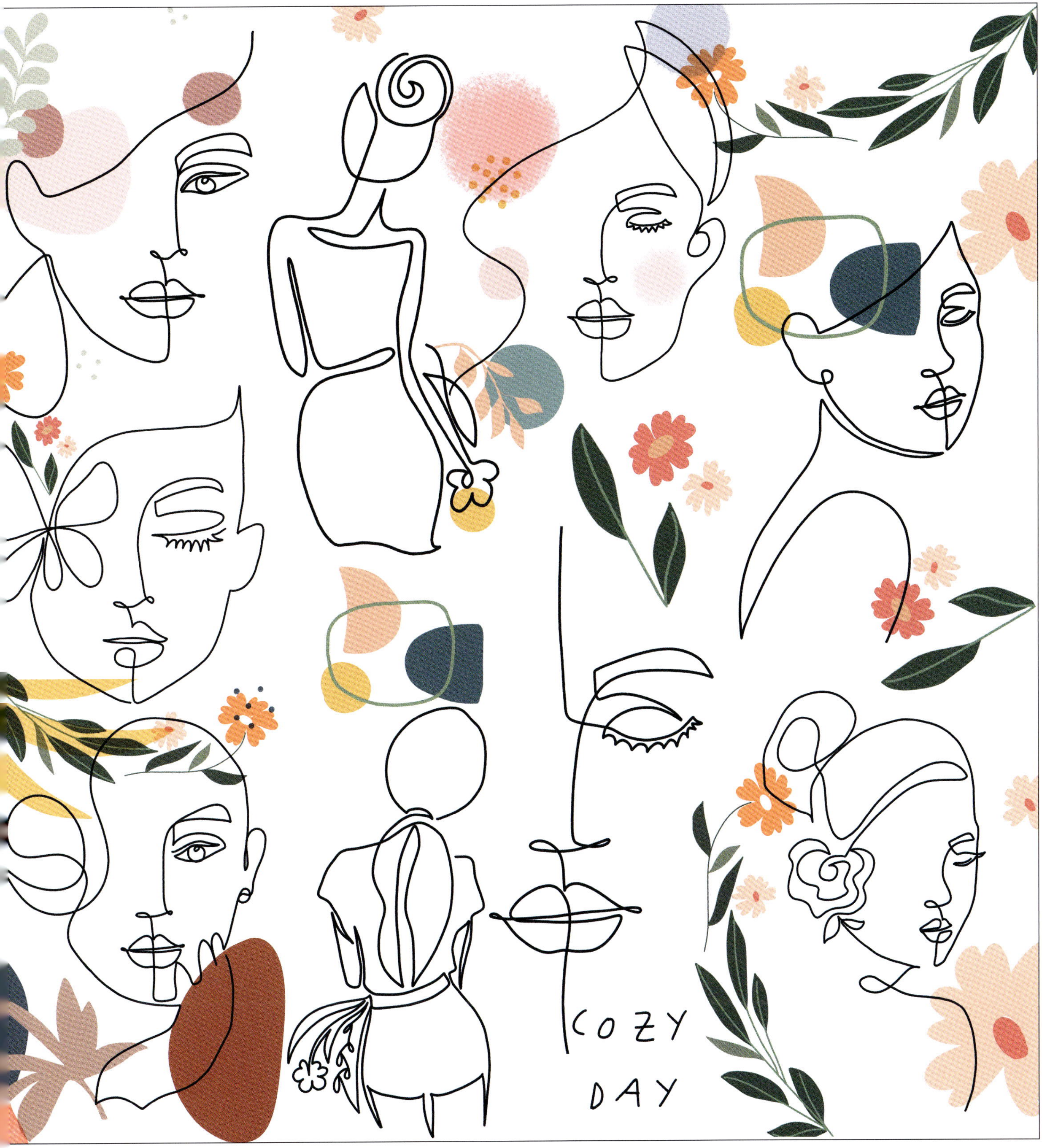
COZY
DAY

Erste Schritte

Ein Gesicht in einer Linie zu zeichnen ist die Königsdisziplin der One Line Art. Ich zeige dir Schritt für Schritt, wie es geht. Also los, worauf wartest du noch?

NASE

Beginne mit der Nase. Führe die Linie vom Startpunkt nach unten und dann leicht nach rechts in die Schlaufe. Danach geht die Linie links in eine Schlaufe über. Zum Schluss zeichnest du die Linie senkrecht nach unten.

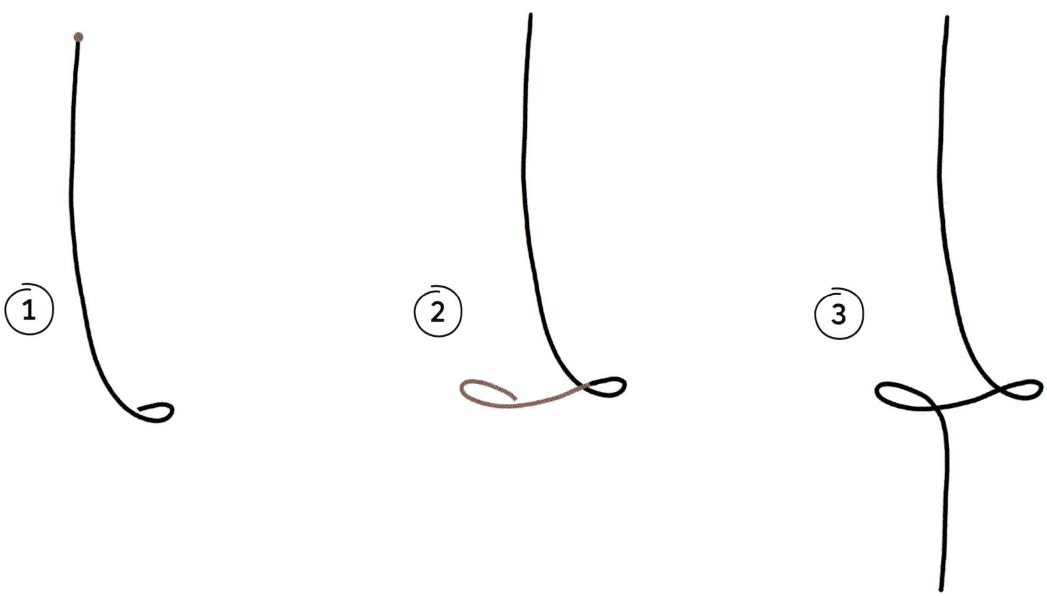

AUGE

Beginne am Startpunkt und zeichne eine leicht gebogene Linie nach rechts. Ziehe die Linie wieder bis zur Mitte der oberen Linie zurück und überführe sie in einen Kreis. Schließe den Kreis parallel zum oberen Augenlid und führe die Linie nach links unten. Von dort geht es unter der Pupille zurück nach rechts oben. Mit einem Richtungswechsel deiner Linie umrandest du das Auge.

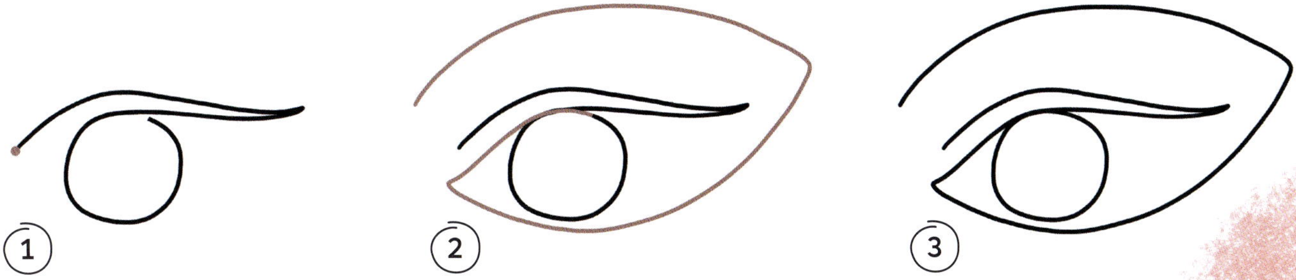

MUND

Zeichne vom Startpunkt aus eine senkrechte Linie nach unten. Die Linie geht in einer gebogenen Form nach rechts in eine Schlaufe über. Ziehe anschließend nach links zur nächsten Schlaufe. Verlängere die Schlaufe zu einer Linie, die zur Unterlippe wird. Führe die Linie anschließend nach oben – so entsteht die Oberlippe. Kurz bevor du deinen Anfangsstrich berührst, führst du die Linie mit einem senkrechten Strich nach unten.

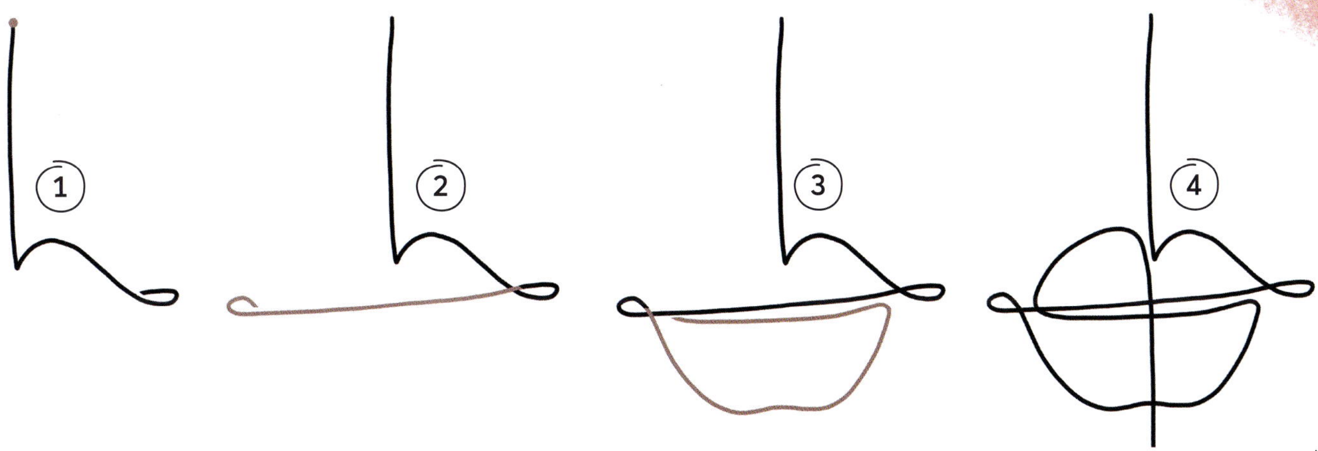

Proportionen

Wir empfinden ein Gesicht als harmonisch, wenn dessen Proportionen stimmen. Die Proportionen sind die Größenverhältnisse zwischen Augen, Mund, Nase und Ohren untereinander und im Verhältnis zum Kopf. Um die Proportionen richtig anzulegen, hilft dir eine Zeichenvorlage.

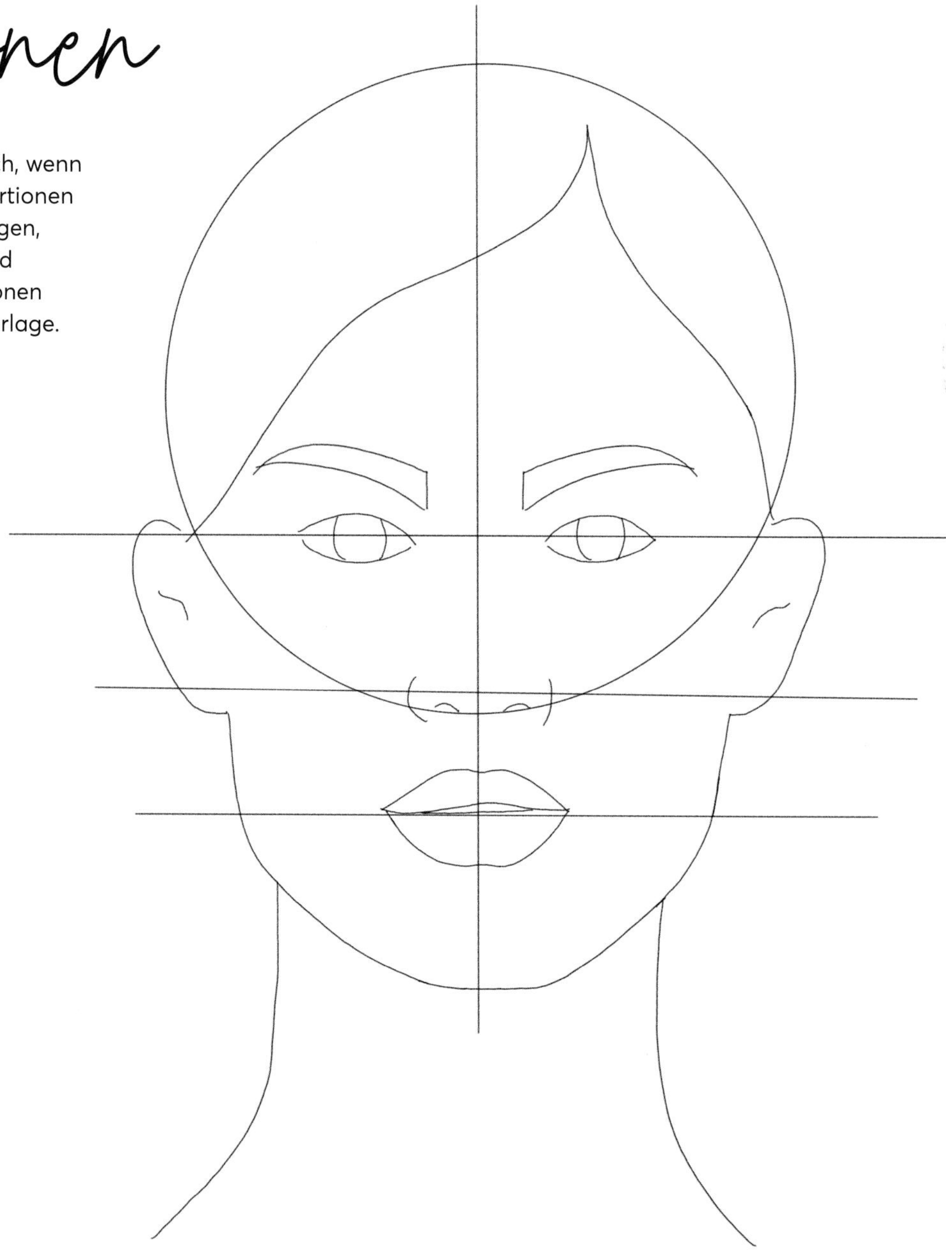

Mit Hilfe der Zeichenvorlage kannst du dir nach und nach die Proportionen ganz automatisch einprägen. Wie das geht? Ganz einfach: Drucke dir die Vorlage von Seite 46 mehrmals aus (du findest sie in der Digitalen Bibliothek). Übe anhand des vorgegebenen Gerüsts das Gesicht zu zeichnen, das ich dir auf der folgenden Seite nochmals Schritt für Schritt zeige. Wiederhole deine Zeichnung mehrmals, denn nur so prägt sich dein Gehirn den Ablauf der Linienführung und das Verhältnis der Proportionen zueinander ein.

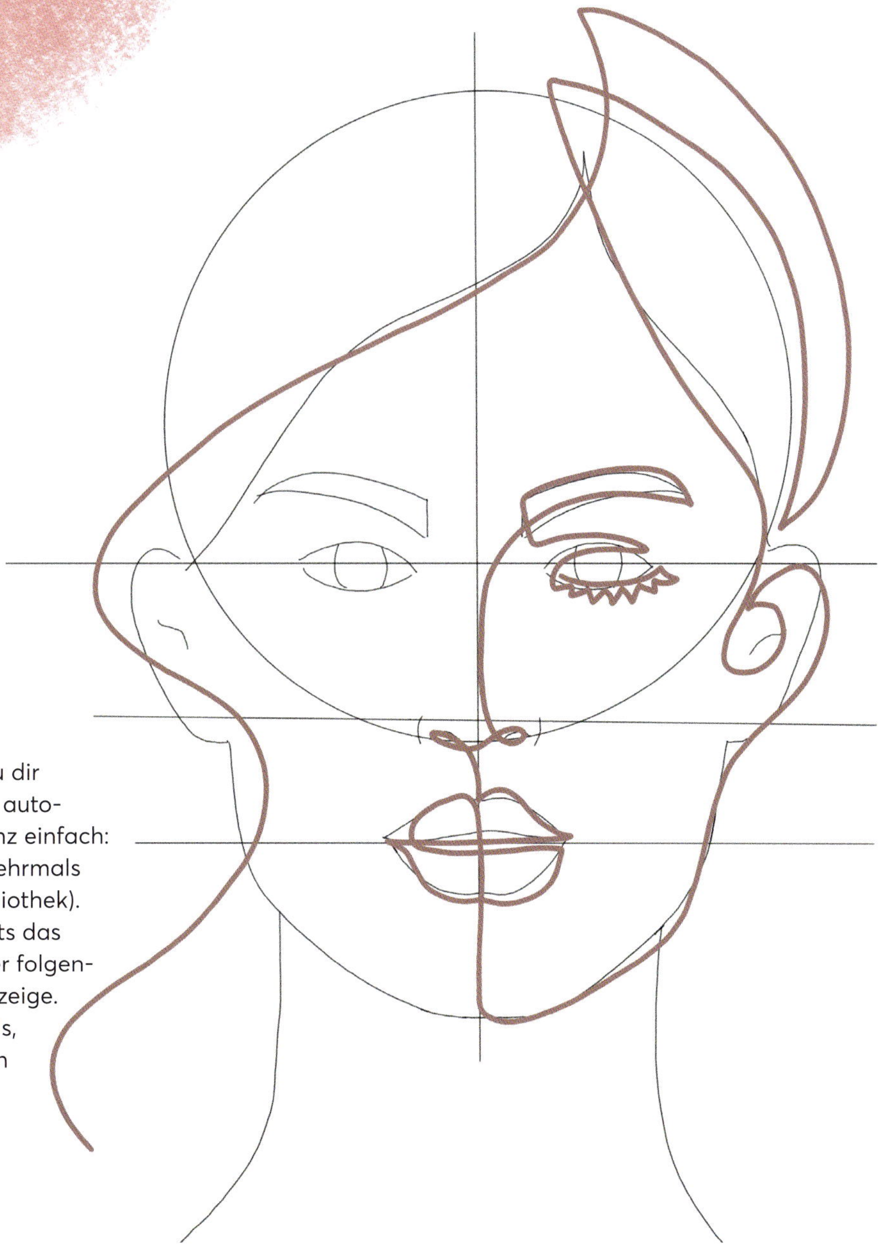

Mein erstes One Line Face

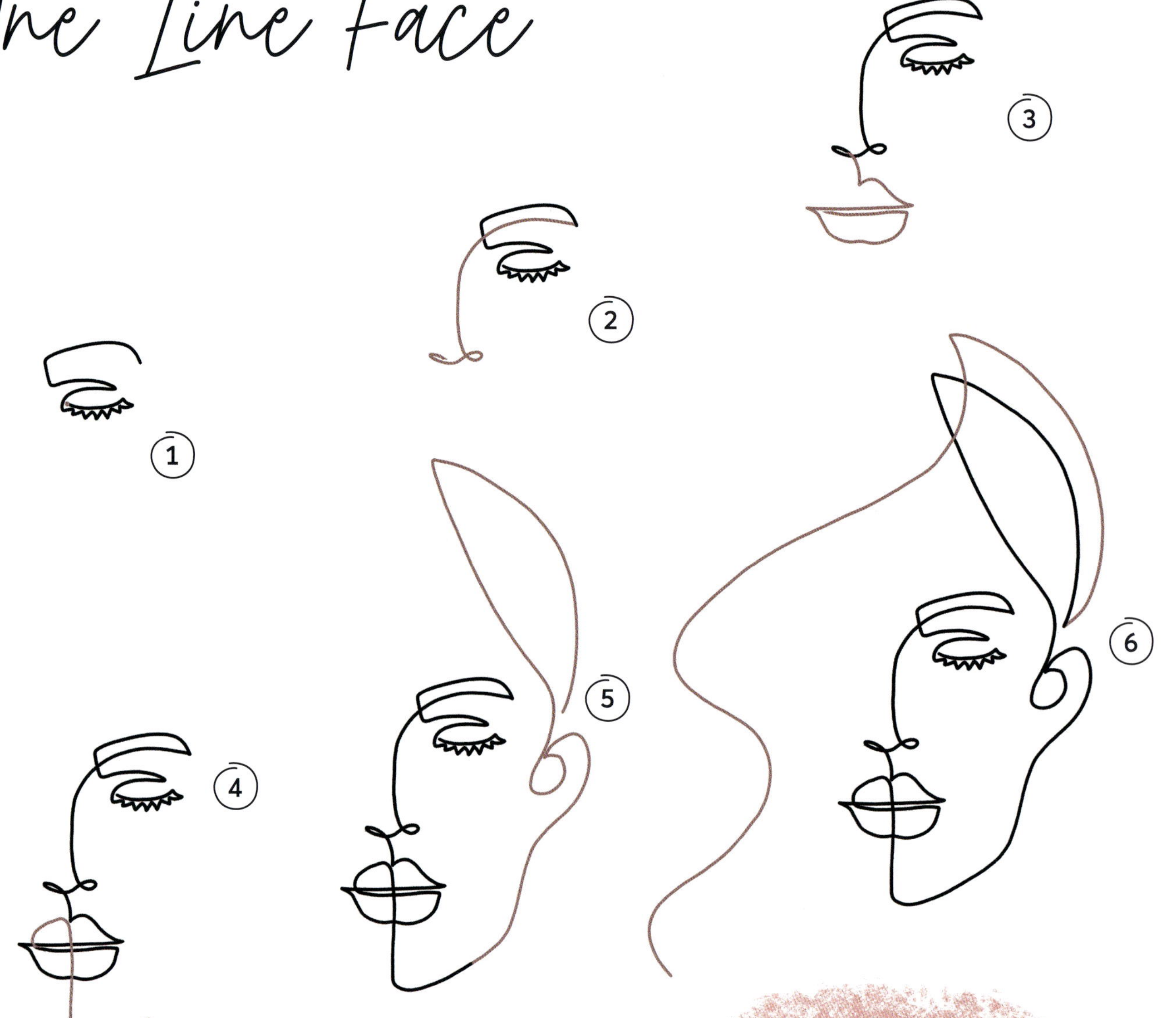

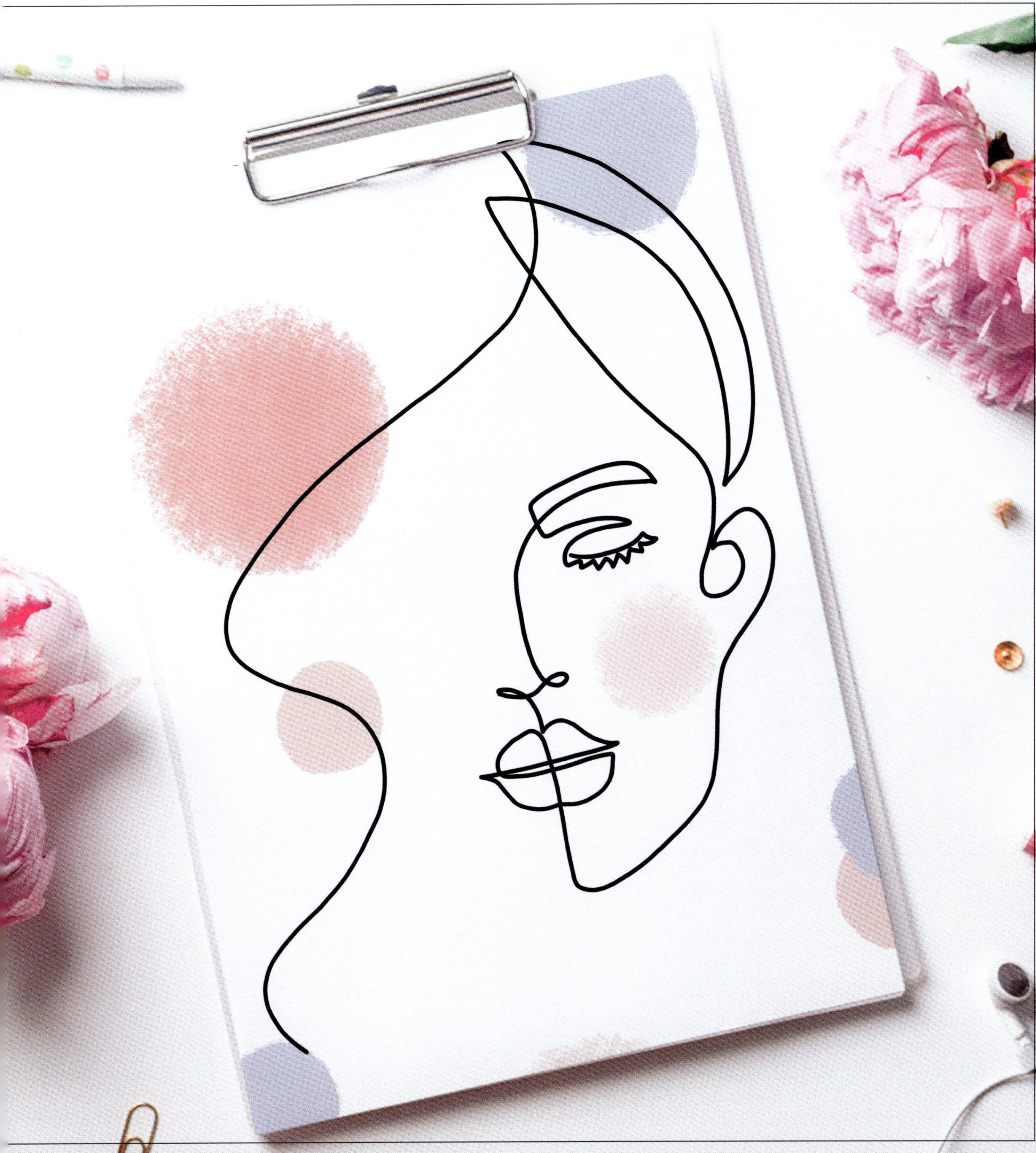

Einfach schön

Manchmal braucht es nicht viel, um ein Bild zu kreieren. Dieses Gesicht ist einfach gezeichnet und doch ausdrucksstark. In Kombination mit etwas Farbe entfaltet es in einem schönen Bilderrahmen sein ganzes Potenzial.

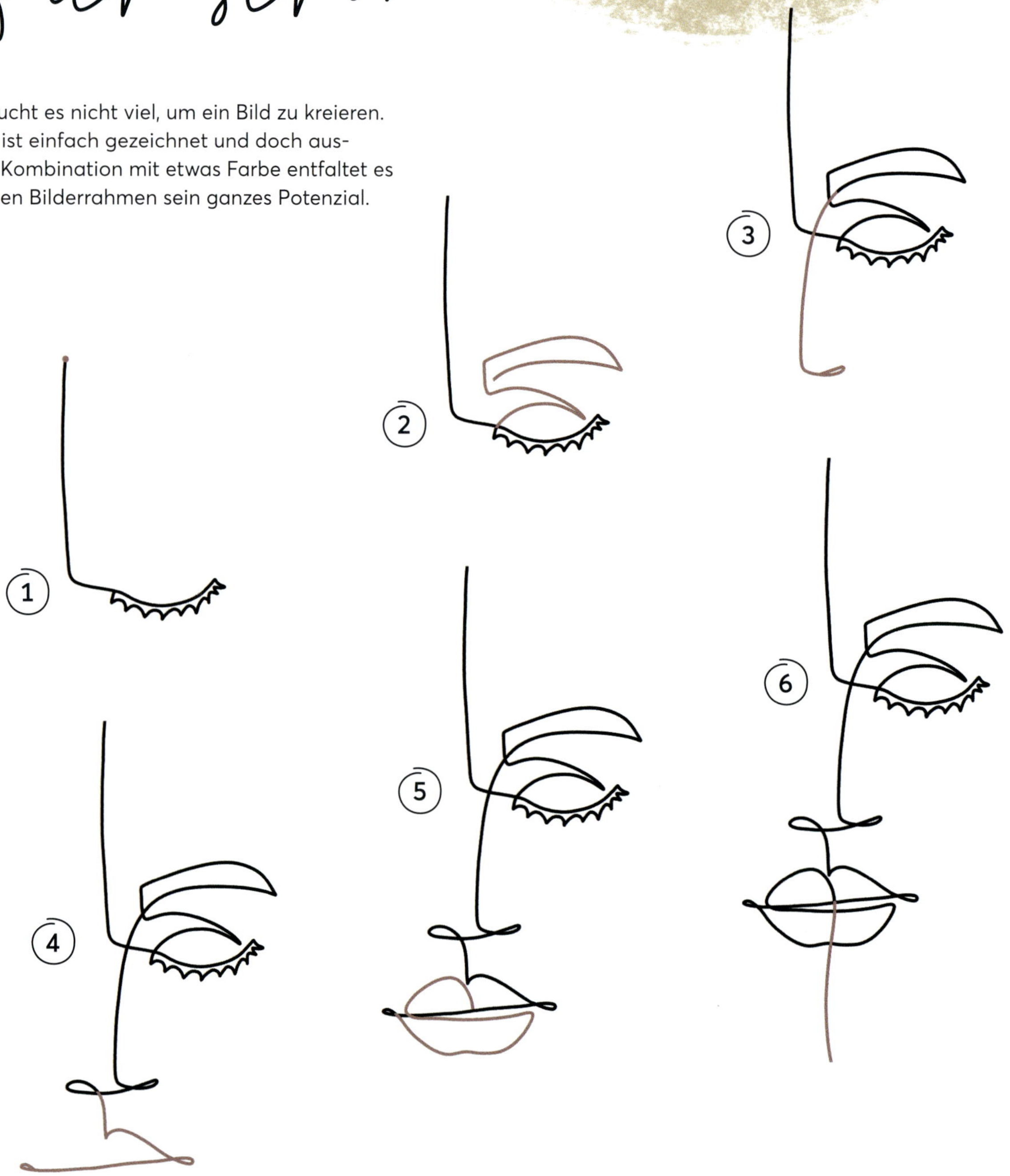

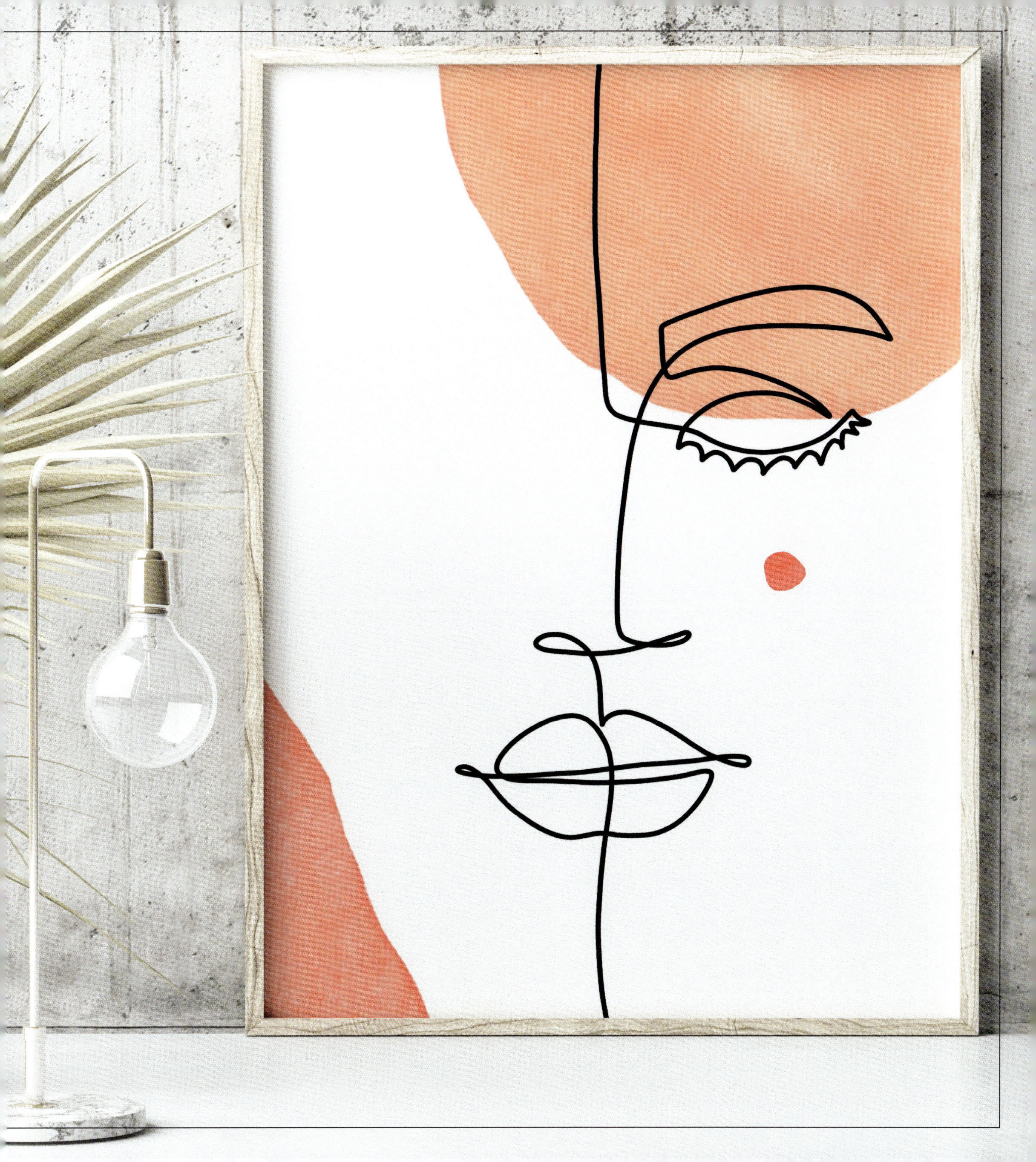

Porträt im Boho-Style

Je nachdem, mit welchen Farben du arbeitest und welche illustrativen Accessoires du hinzufügst, kannst du ganz unterschiedliche Looks erzeugen.

Kombiniere doch einfach mal ein verträumtes One-Line-Porträt mit weichen Farbtönen und Blattornamenten zu einem unkonventionellen Boho-Style.

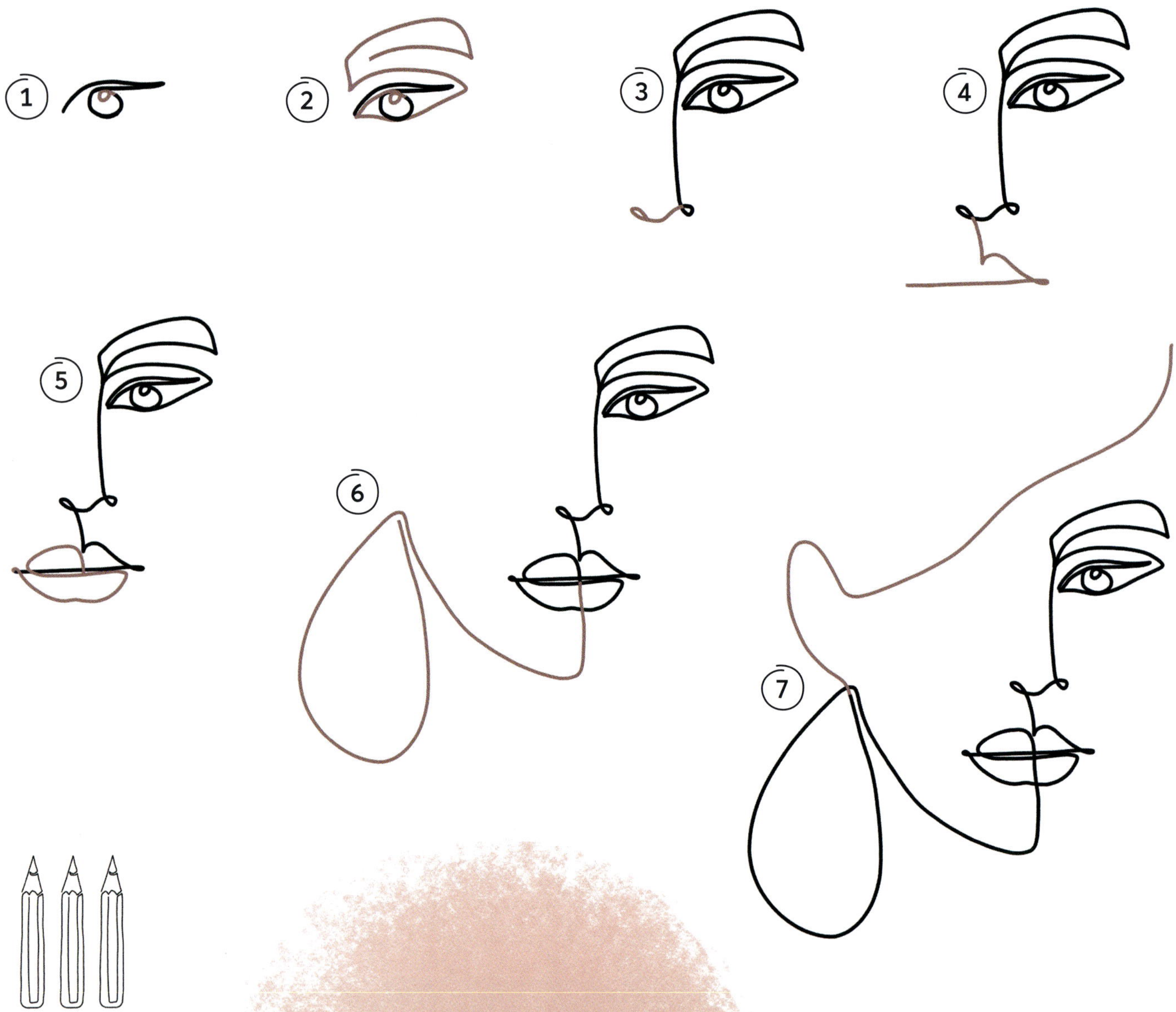

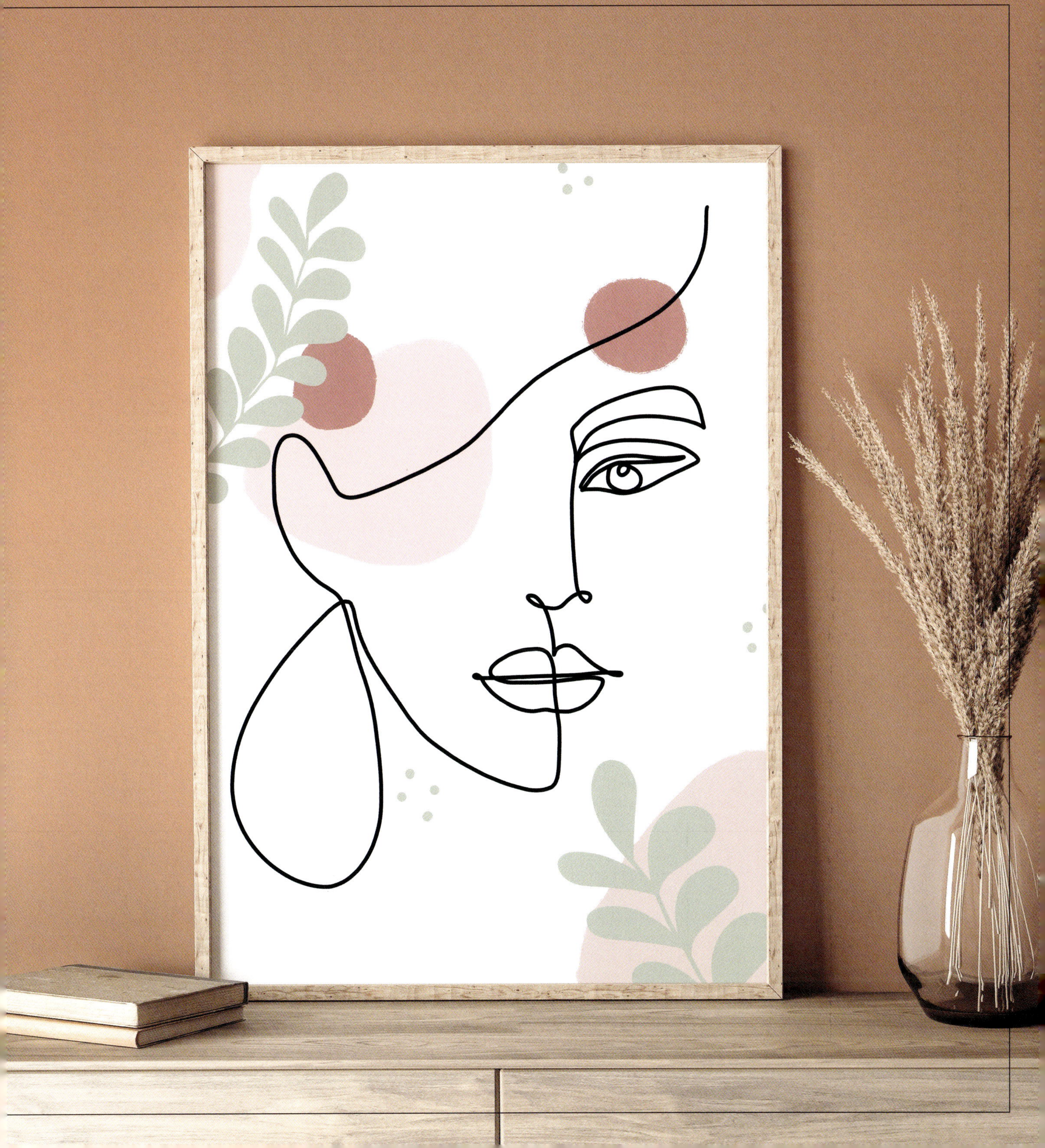

Frühlingsbild

Inspirationen für die eigenen Werke zu finden, ist manchmal gar nicht so einfach. Werde ich gefragt, wo ich meine Inspiration entdecke, ist meine Antwort immer dieselbe: in der Natur und den Jahreszeiten. Hätte der Frühling ein Gesicht, dann sähe er für mich so aus.

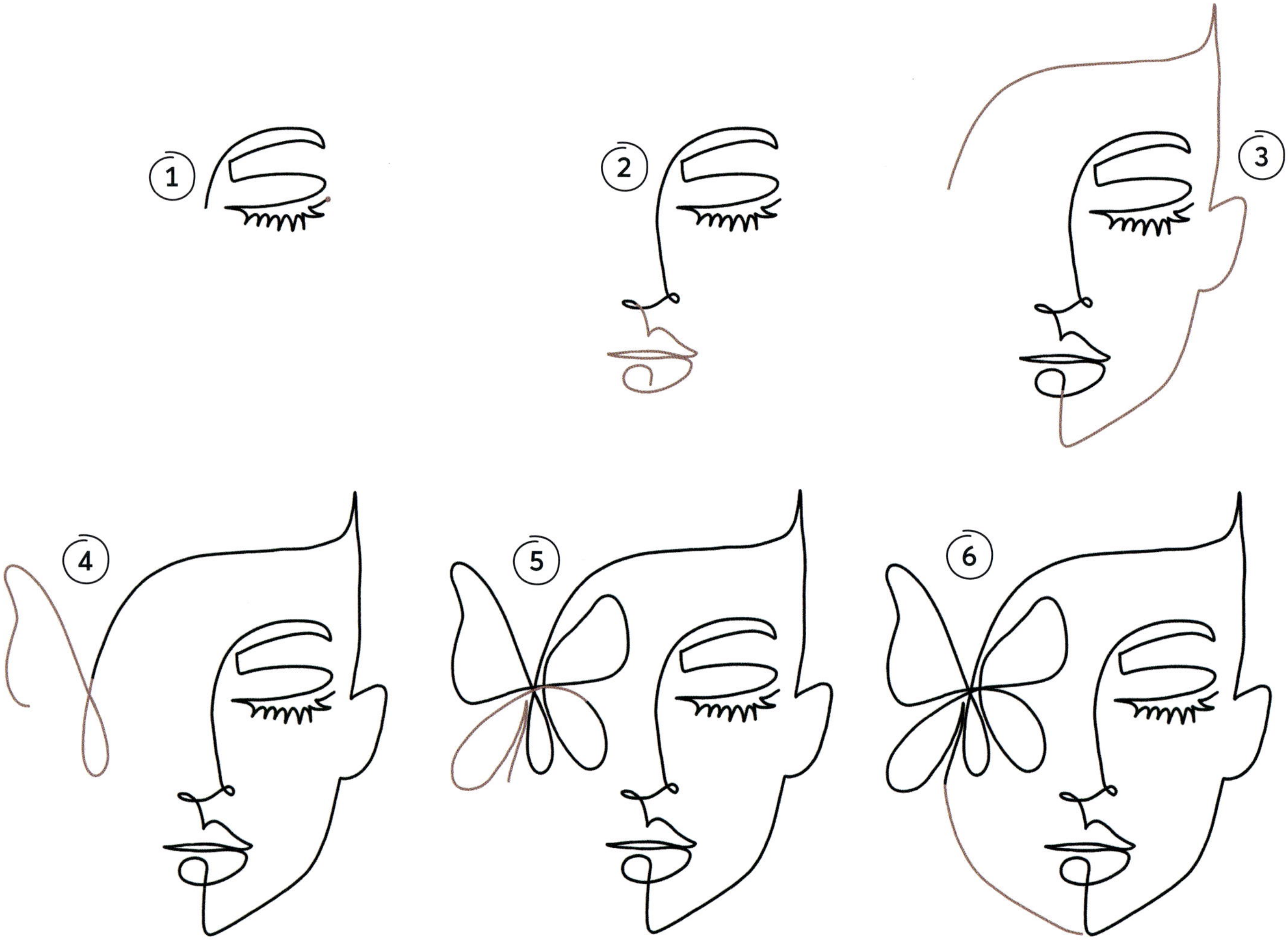

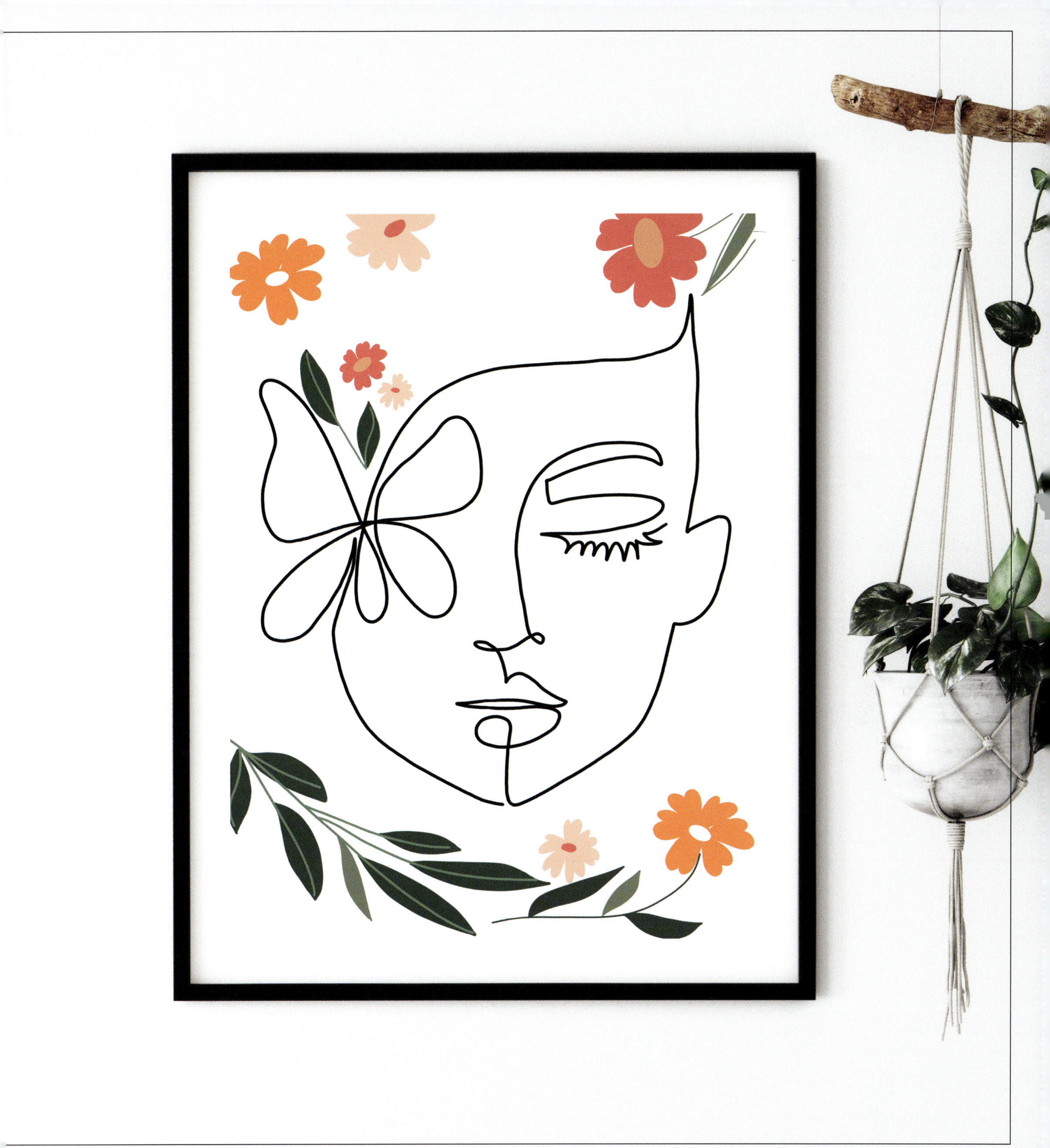

Träumerei

Du hast viele verschiedene Möglichkeiten, die Stimmung deines One-Line-Porträts zu beeinflussen. Vielleicht magst du es gern verspielt und romantisch? Kombiniere dann am besten sanfte Farben und locker verteilte Schmuckelemente zu deiner Zeichnung.

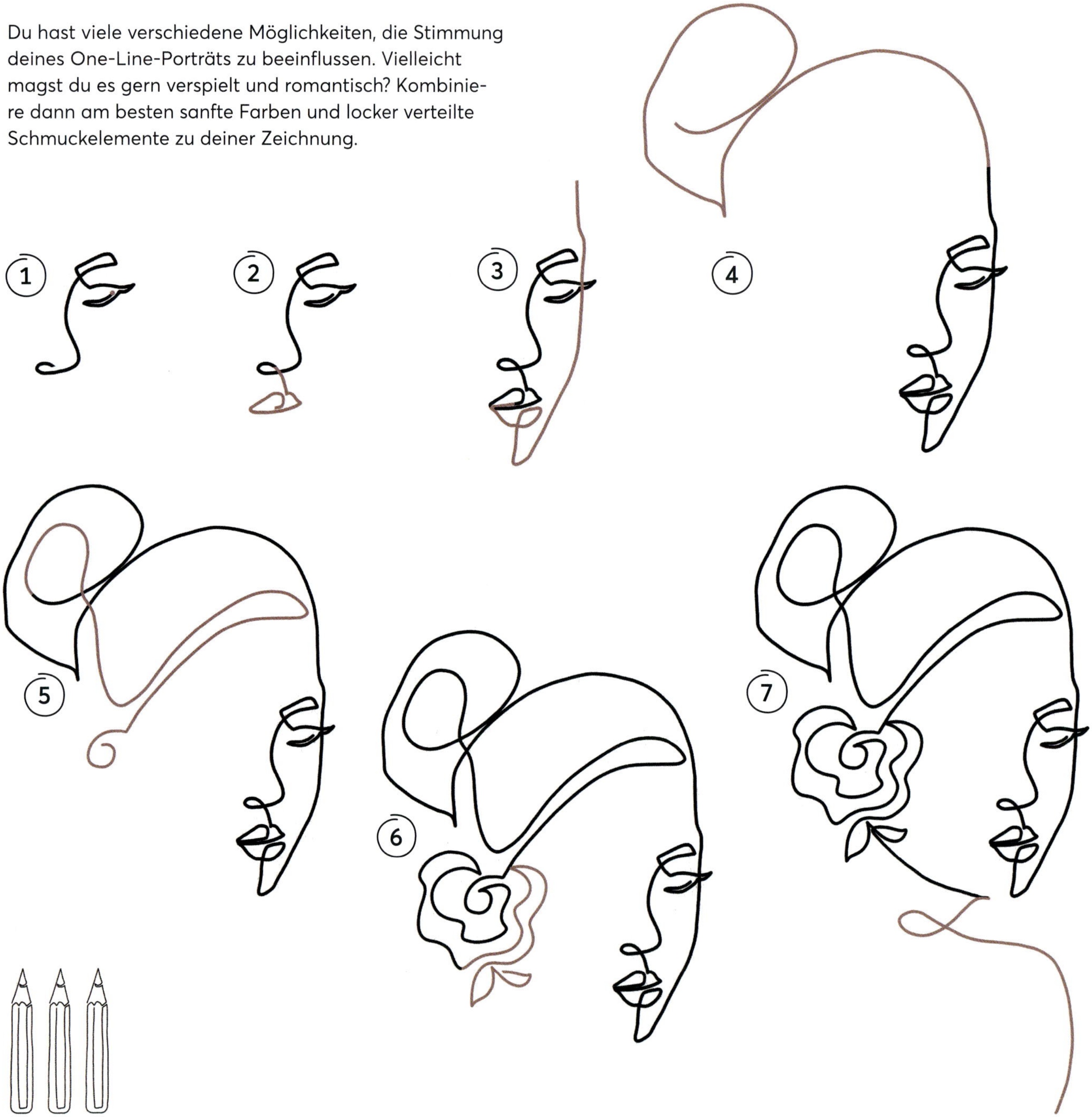

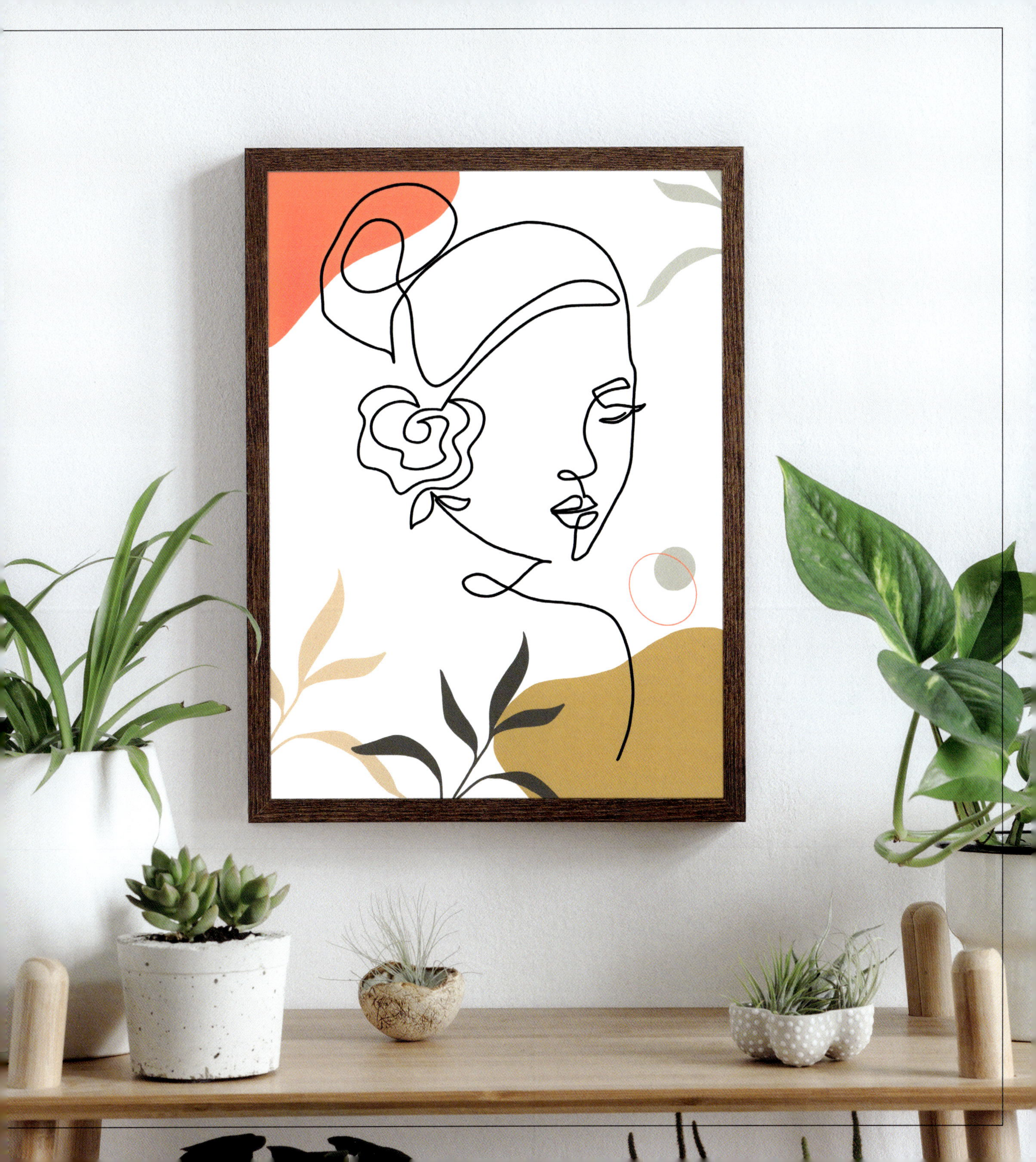

Frauenpower

Der moderne Look bei diesem Bild entsteht durch die grafische Anmutung und die klaren, kräftigen Farben.

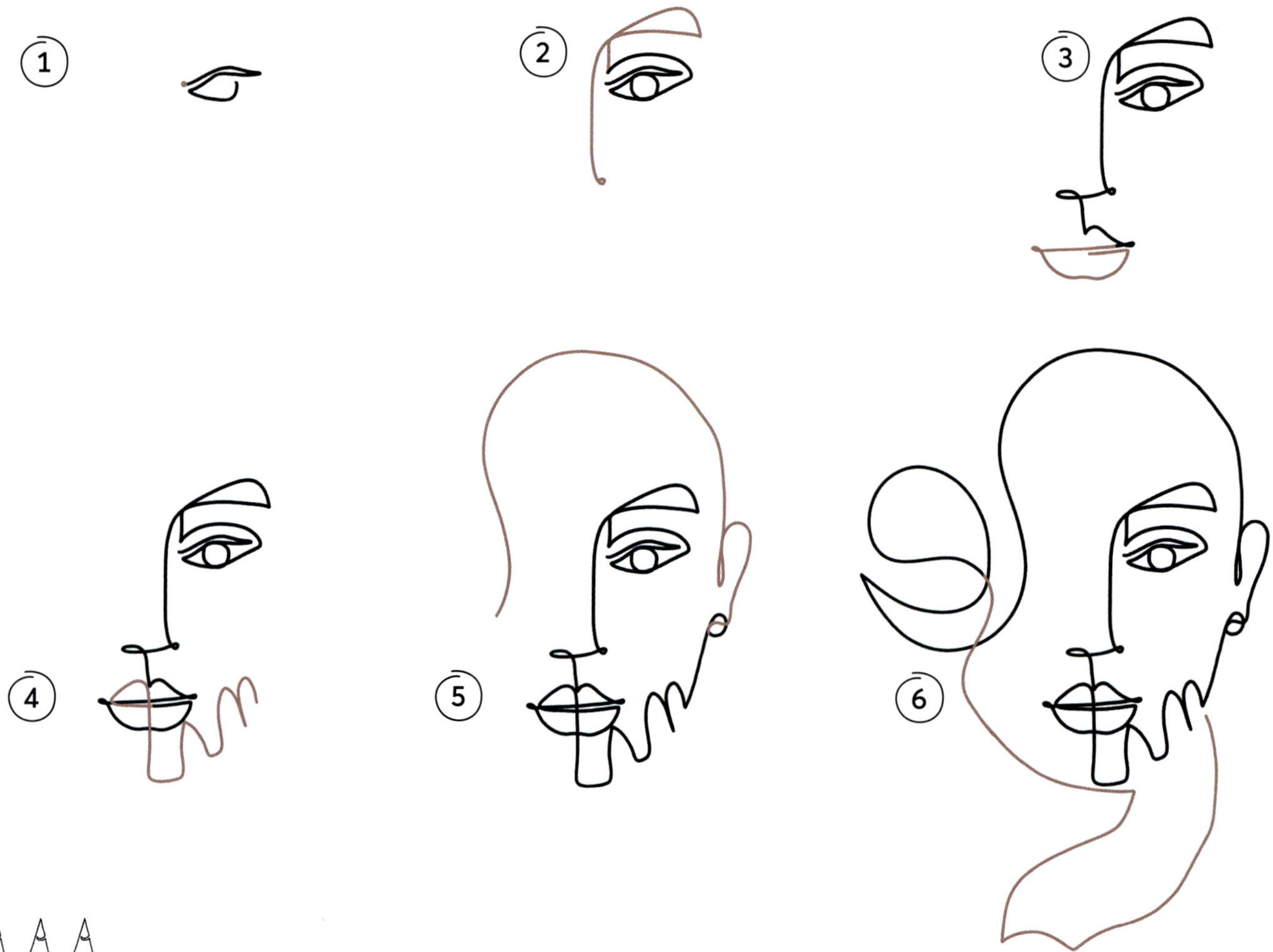

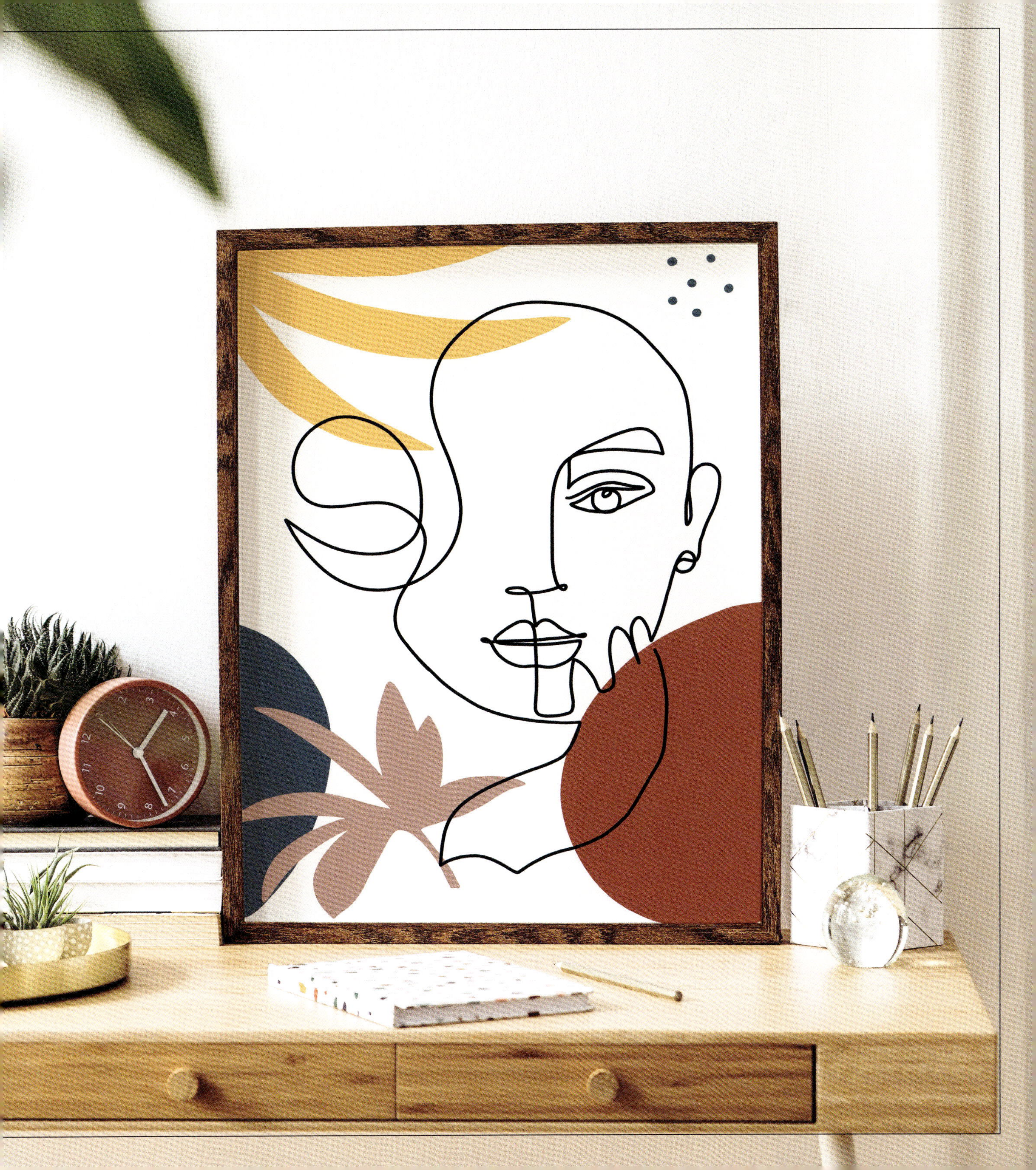

Frau im Halbprofil

Hast du noch eine leere Wand in deinem Zuhause übrig? Dann trau dich, schnappe dir einen Keilrahmen, Acrylfarbe und einen schwarzen Stift und mache dich ans Werk. Selbst gemacht ist viel cooler als ein gekauftes Bild!

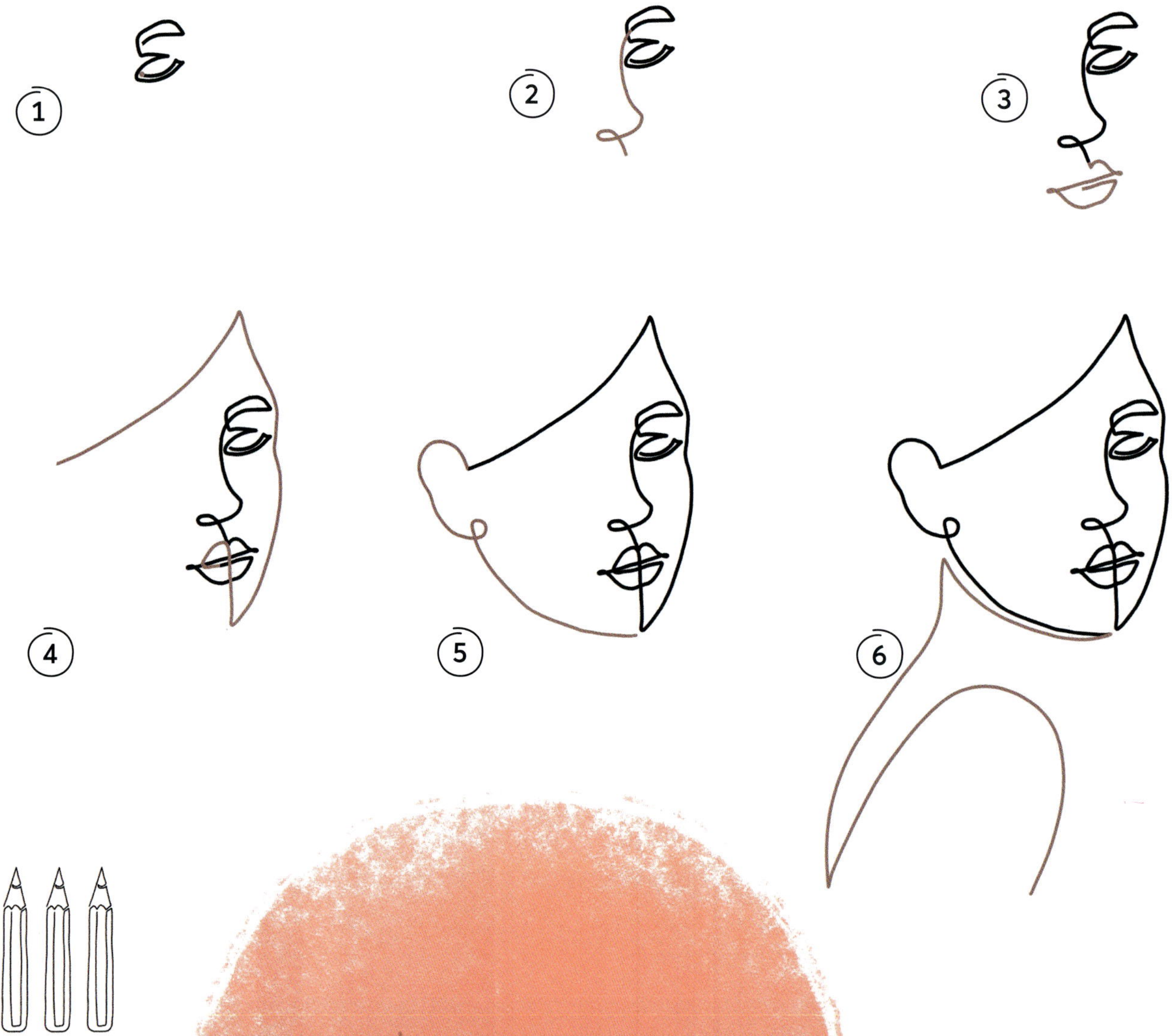

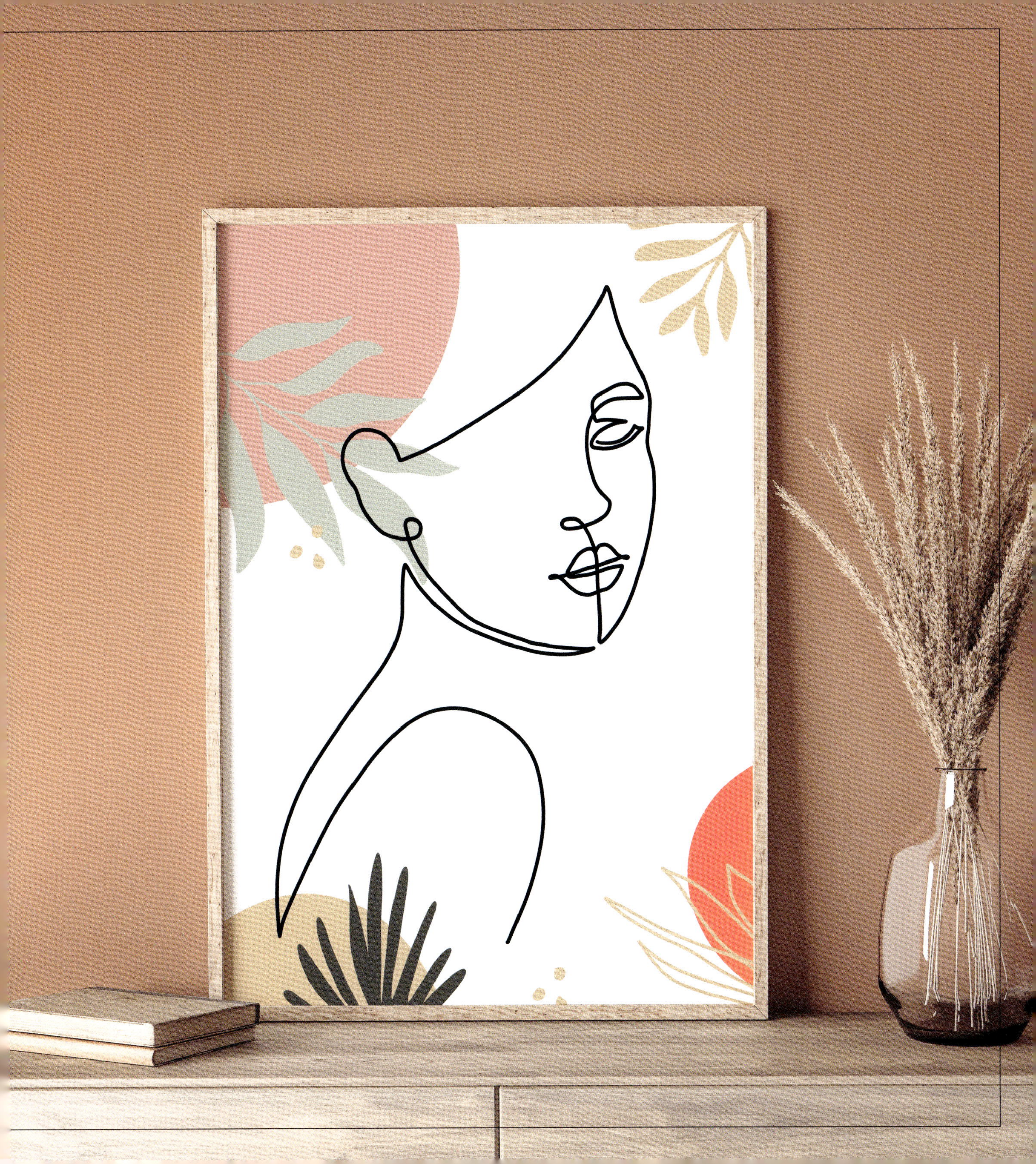

Cozy Day

Ein entspannter Tag schenkt uns nicht nur Energie, sondern regt auch unsere Kreativität an. Der zarte, einfache Schriftzug verleiht deinem Motiv noch mehr Ausdruckskraft.

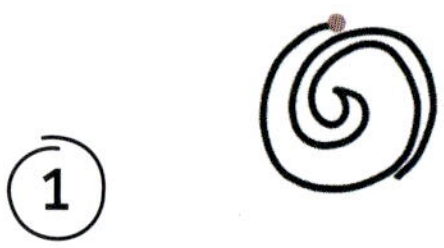

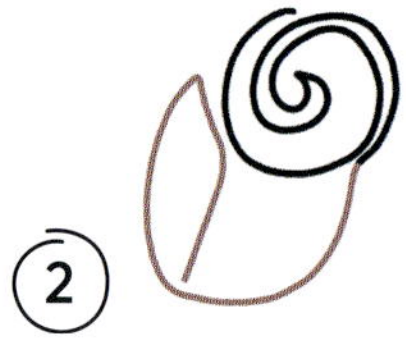

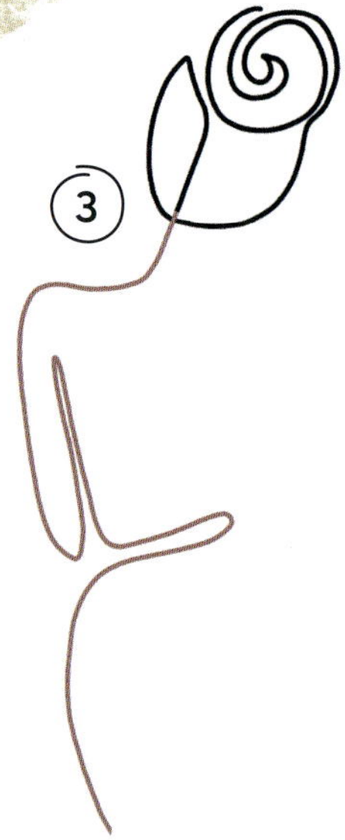

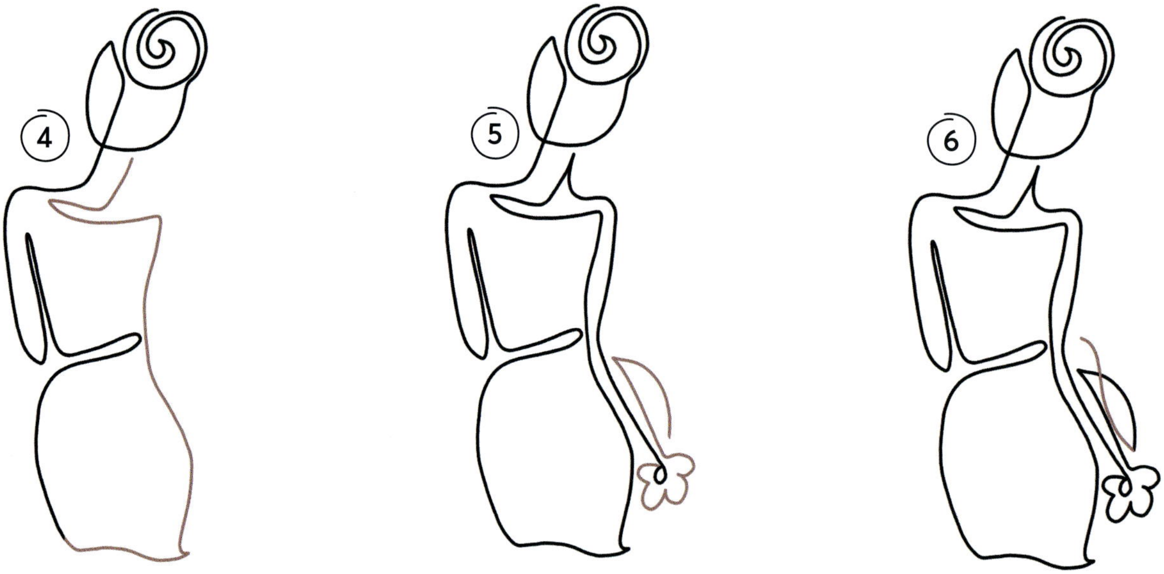

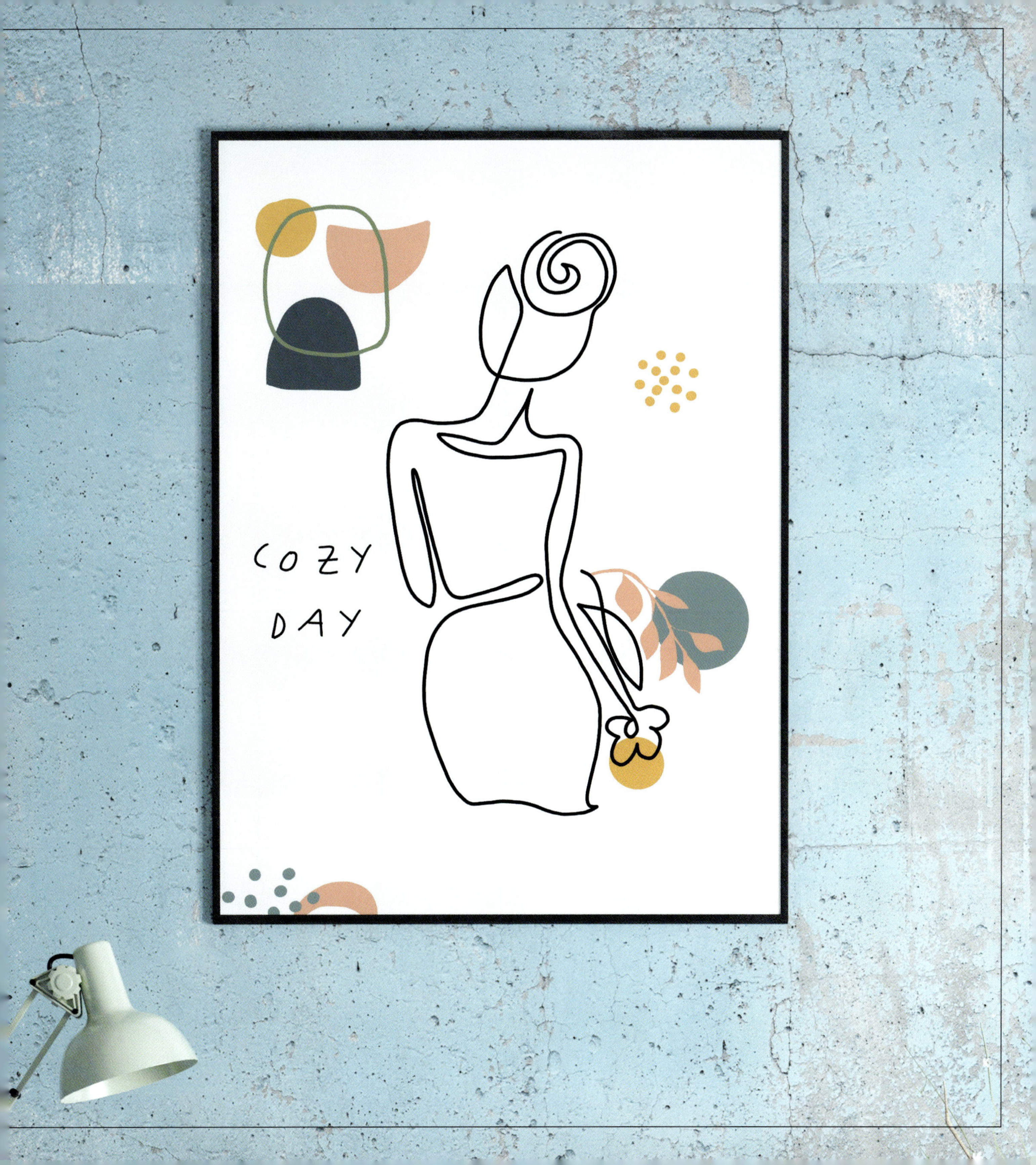
COZY
DAY

Spaziergang

Ein Spaziergang durch eine Blumenwiese tut Körper und Seele gut. Die Sonne im Gesicht spüren. In der Nase kitzelt der Duft der Blumen. Bienen summen, Mücken tänzeln. Vielleicht noch ein paar Blumen pflücken?

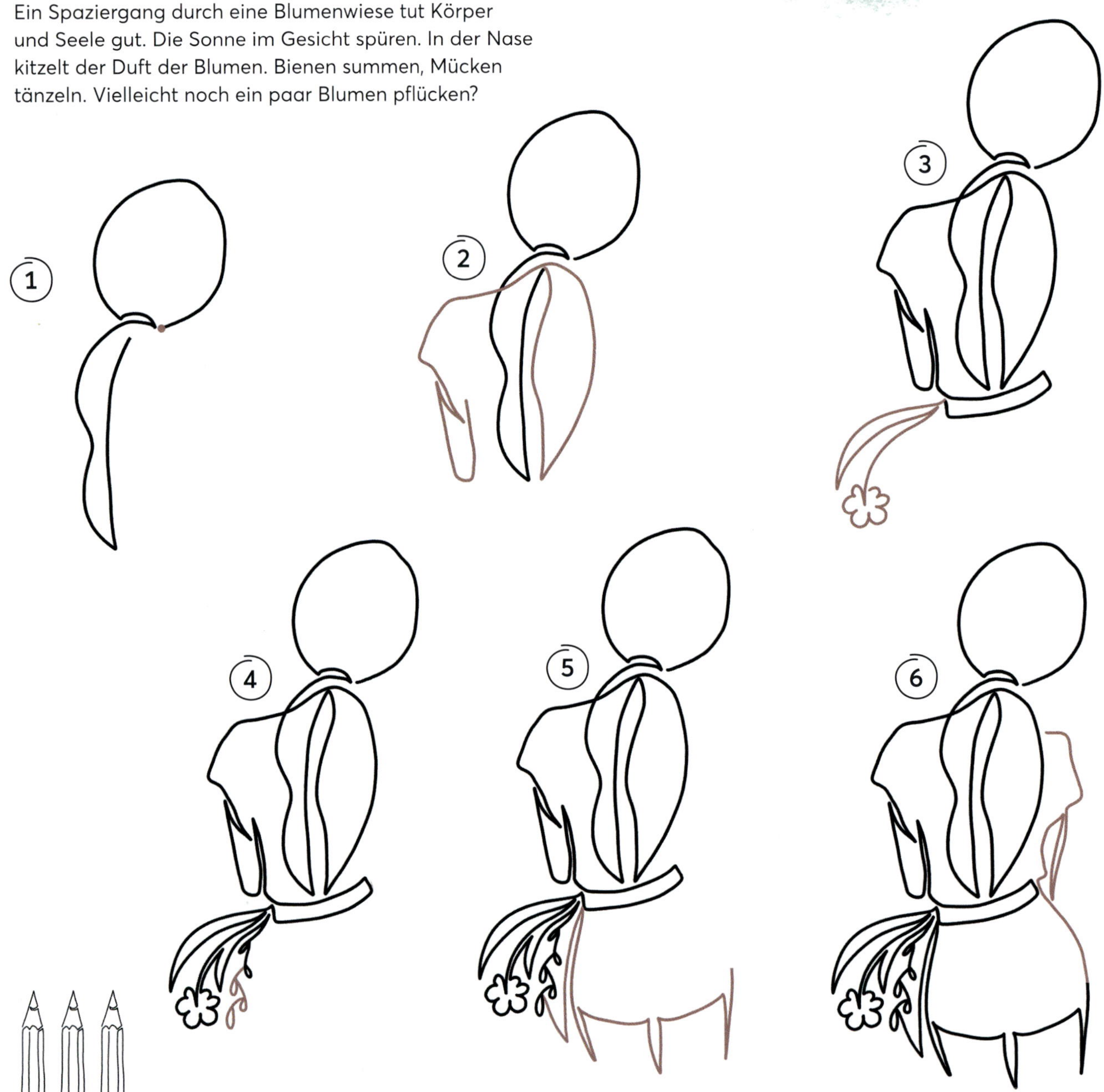

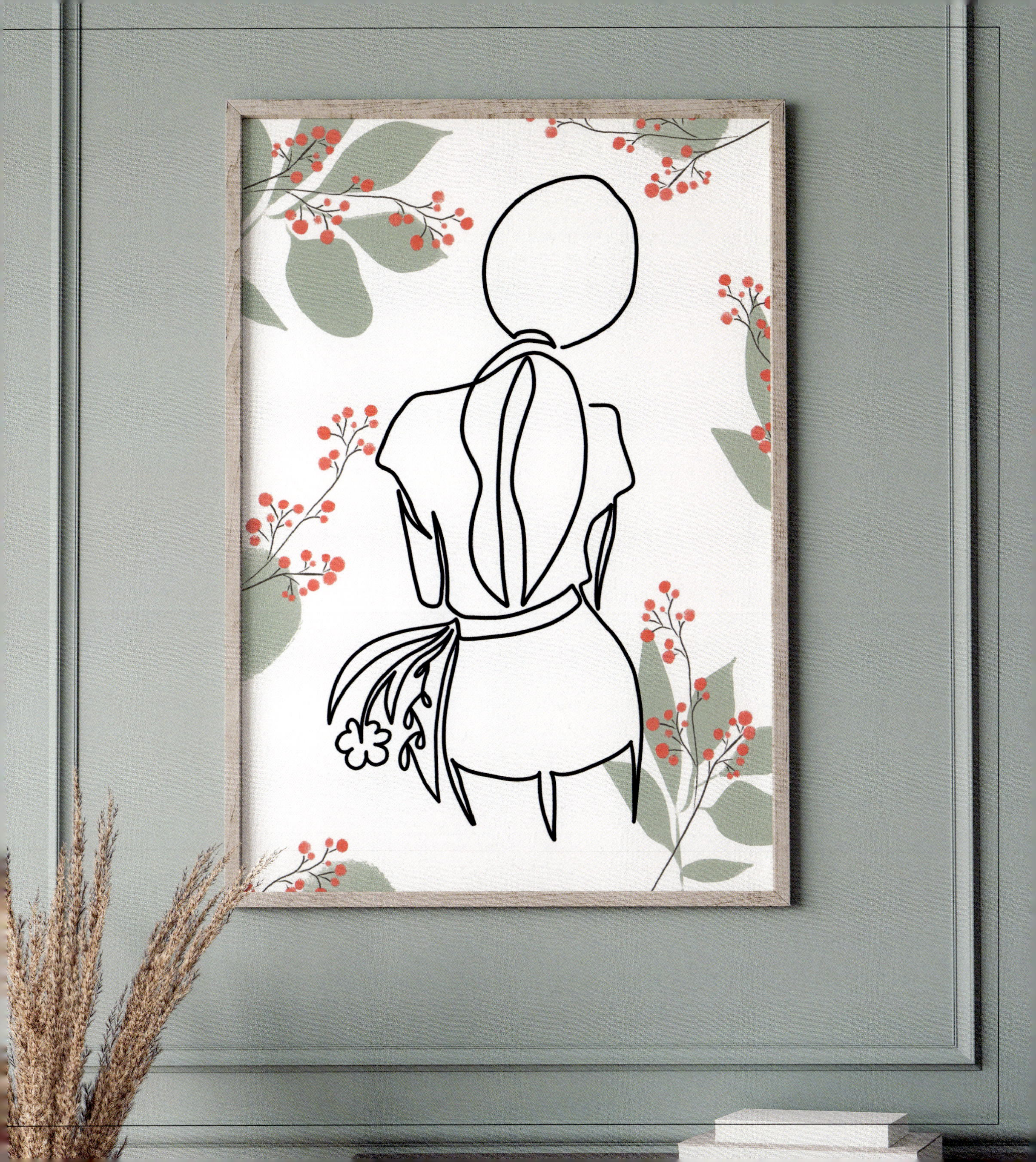

Lifestyle

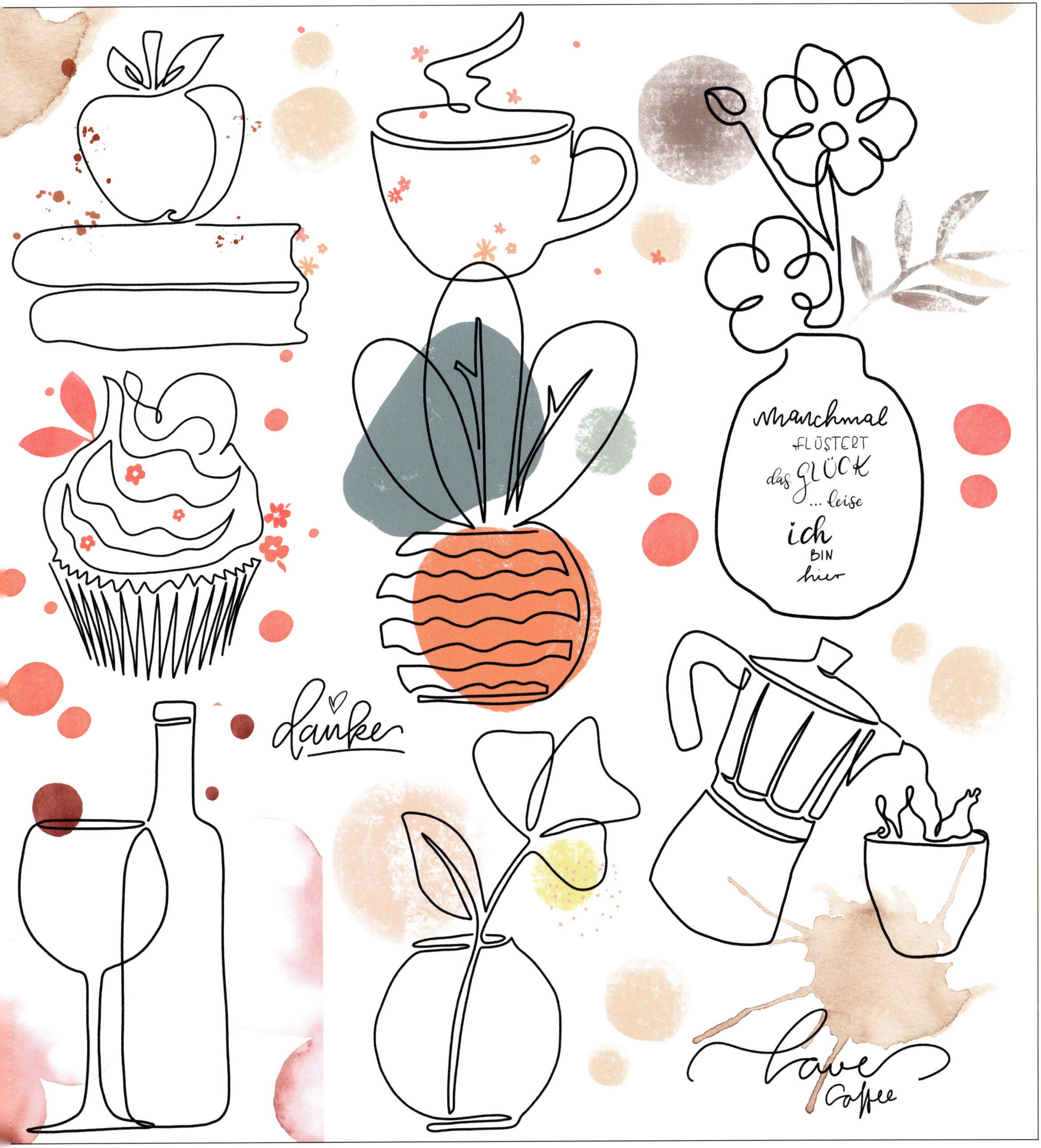
manchmal
FLÜSTERT
das GLÜCK
... leise
ich
BIN
hier
danke
love
coffee

Kleiner Dank

Wie wäre es mit einer selbst gestalteten Karte, um all den wertvollen Menschen um dich herum zu zeigen, wie sehr du sie wertschätzt? Für die nette Nachbarin, die aufmerksame Kollegin, den besten Bruder der Welt?

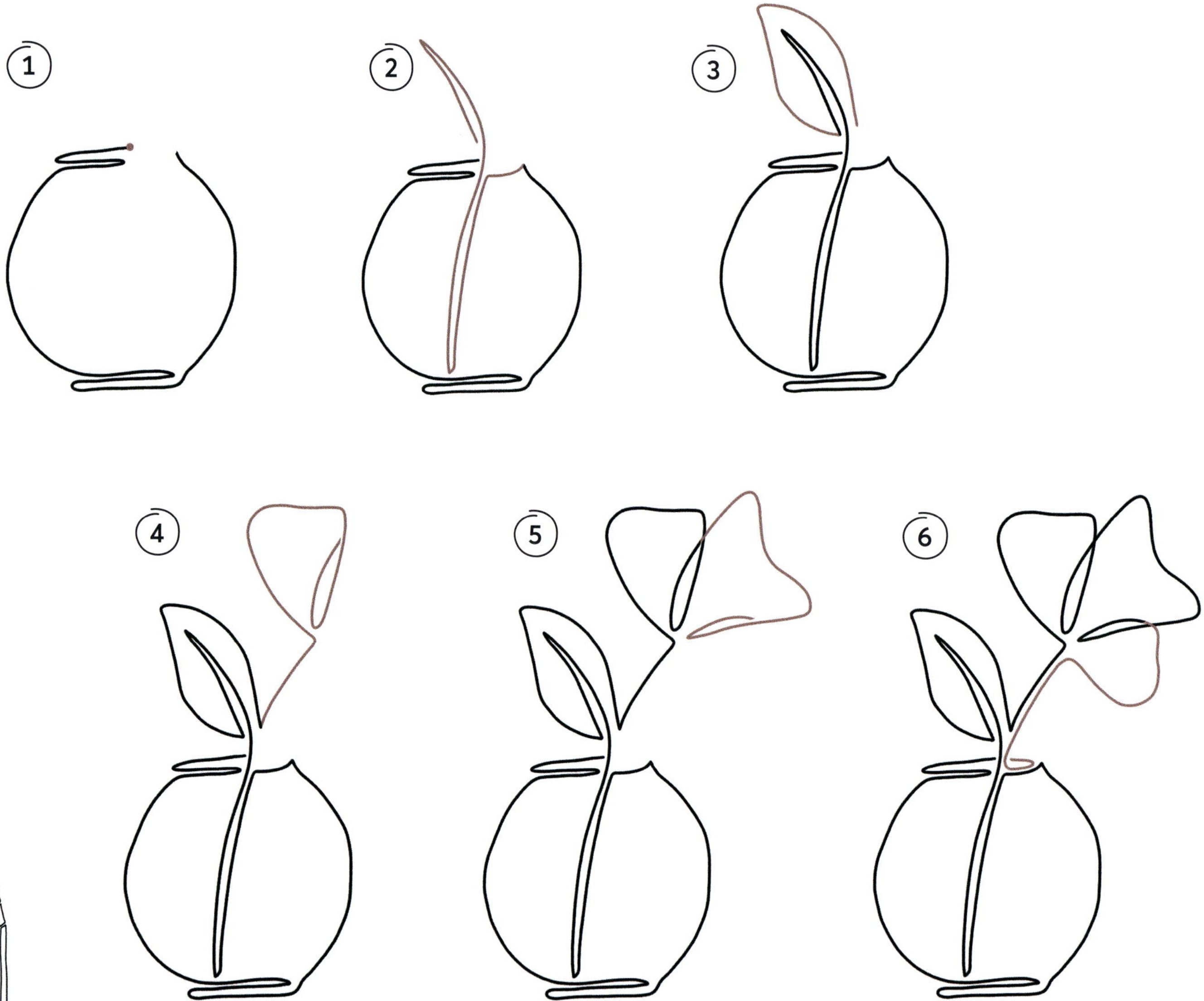

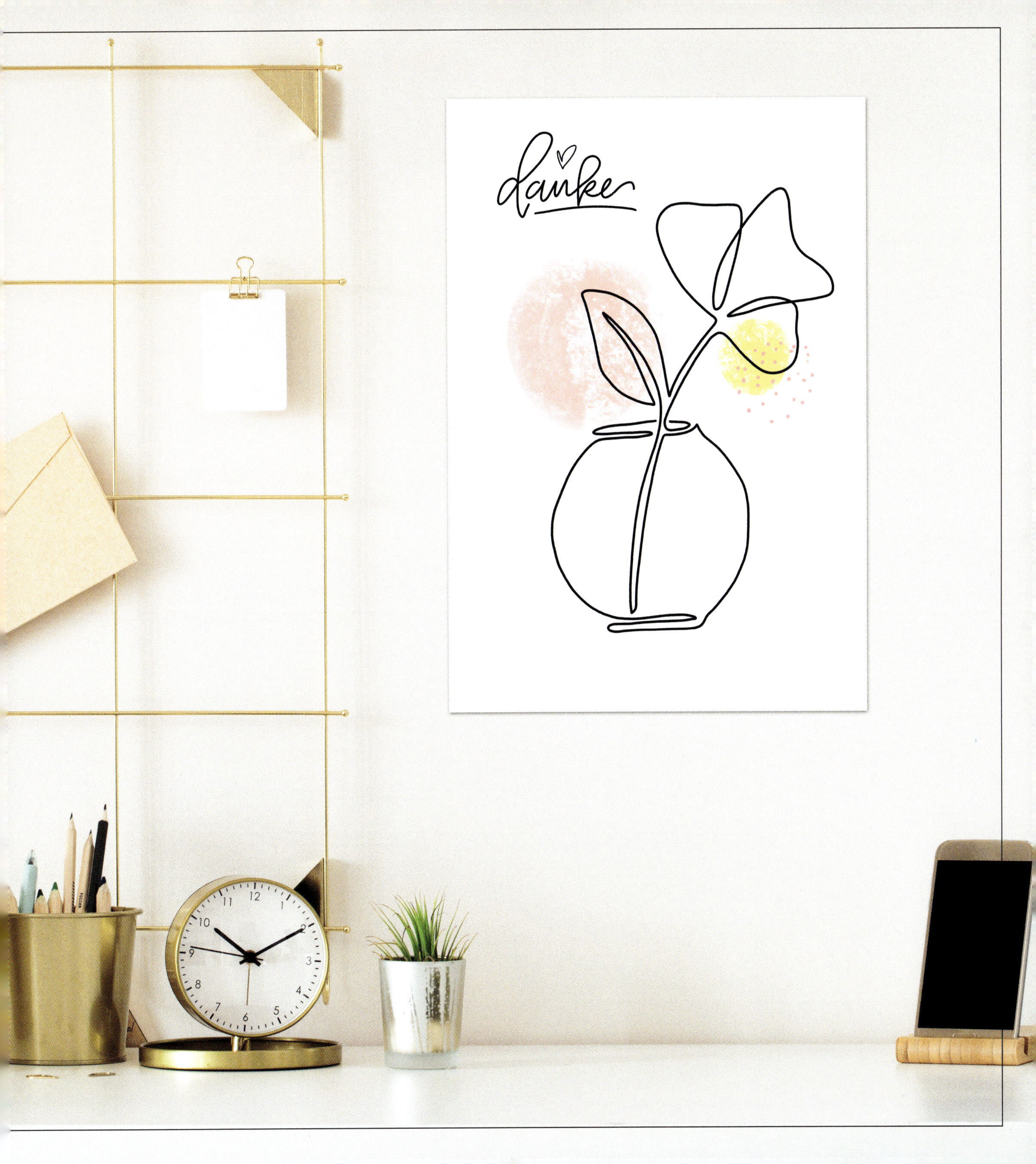
danke

Eine Tasse Ruhe

Wir alle kennen das Gefühl: In unserem Alltag stehen so viele Dinge an, und wir rennen von einem zum anderen. Kaum Zeit für Pausen. Die solltest du dir aber nehmen.

In der Ruhe liegt die Kraft – schalte öfter tagsüber mal einen Gang runter und gönne dir eine Tasse Tee oder Kaffee. Für mich ist das ganz bewusst eine Tasse Ruhe.

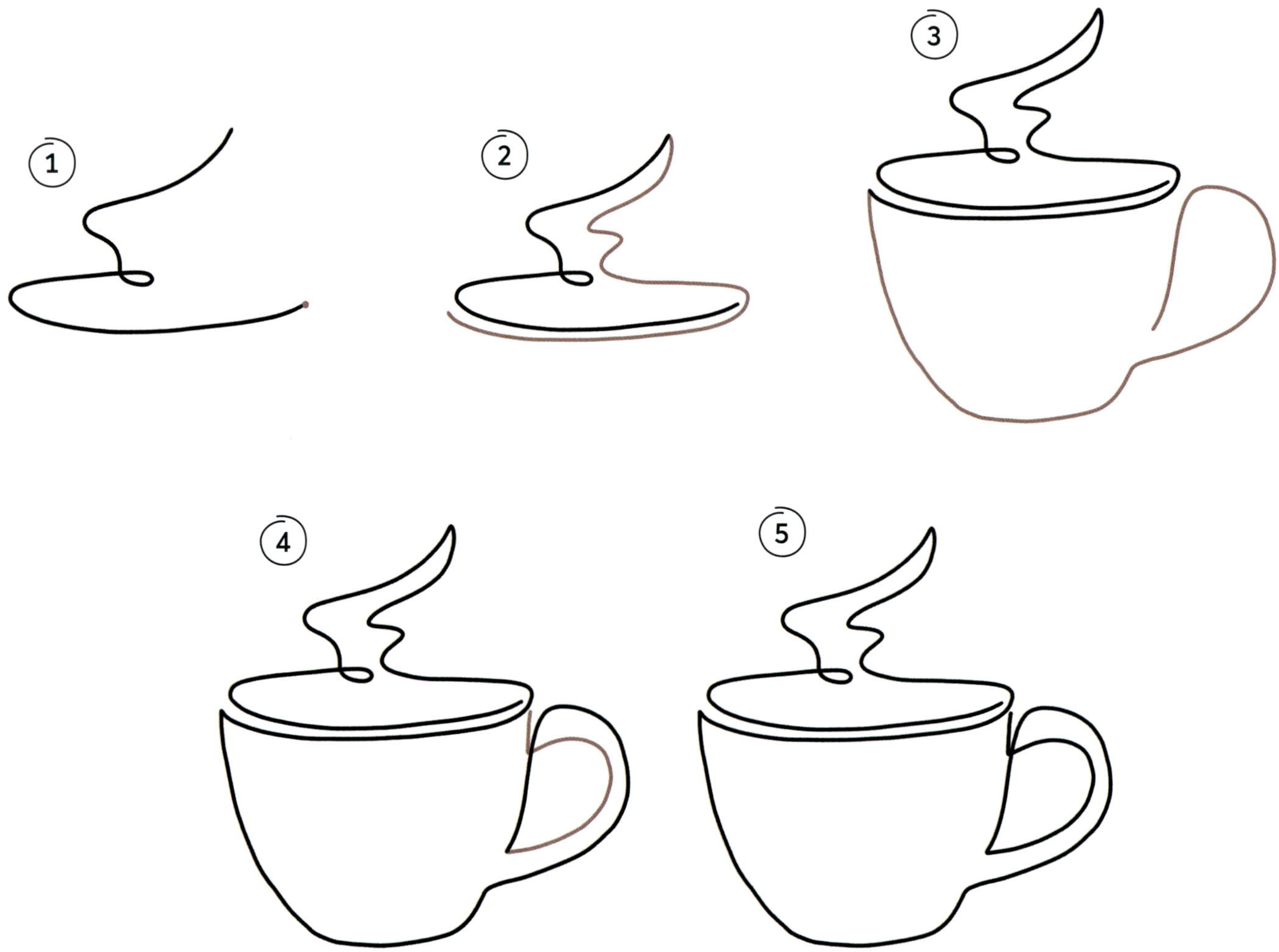

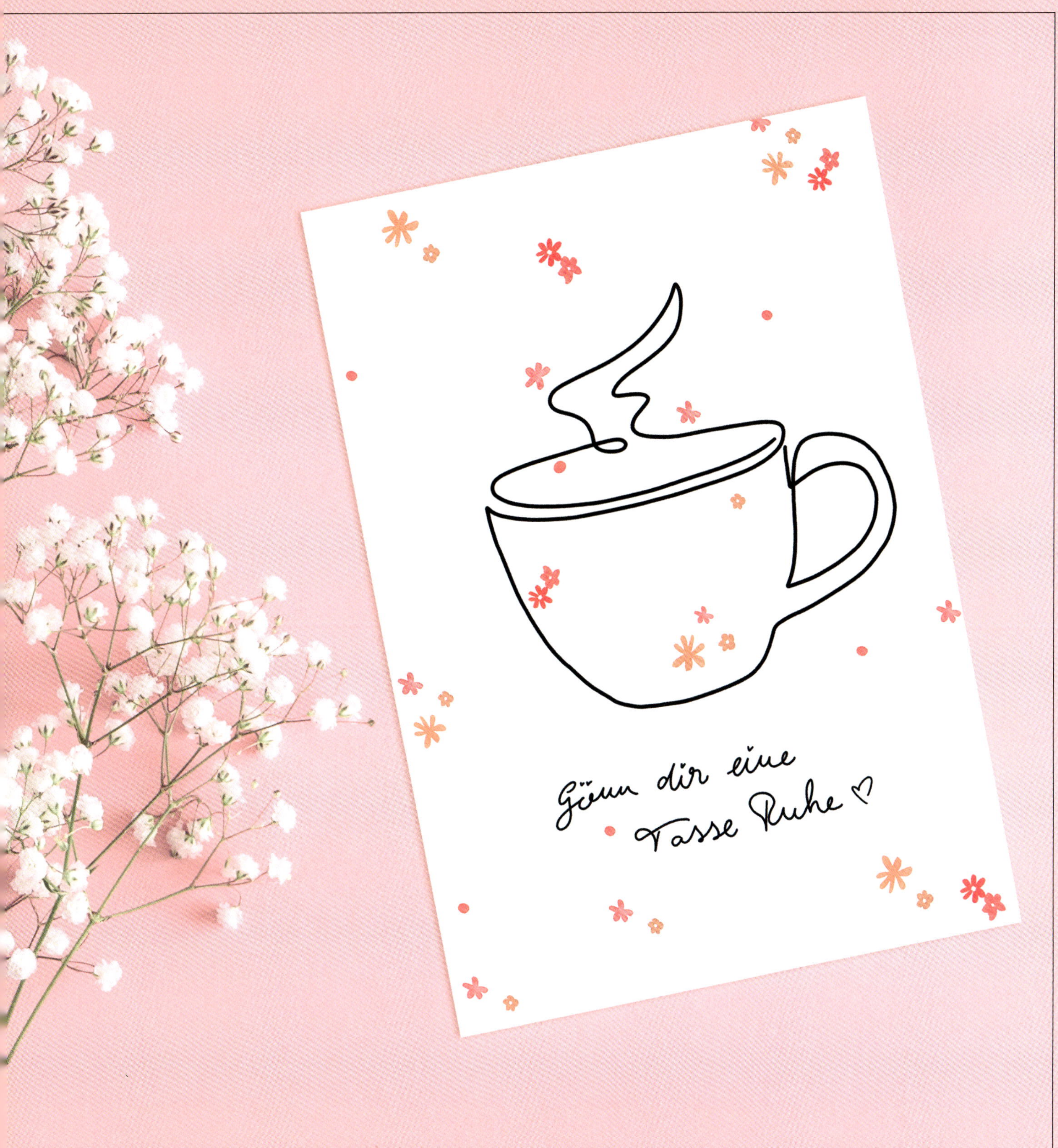
Gönn dir eine
Tasse Ruhe ♡

Gemütlicher Abend

Gemütliches Beisammensein mit Freunden, tolle Gespräche, gutes Essen und dazu vielleicht eine Flasche Wein – was für ein wunderbarer Abend!

Dieses One-Line-Zeichenprojekt kannst du, schön gerahmt, als kleine Aufmerksamkeit zu einer Essenseinladung mitbringen. Der zarte Aquarellhintergrund sorgt für einen besonderen Touch. Möchtest du es selbst behalten, macht sich das Bild besonders gut in deinem Essbereich.

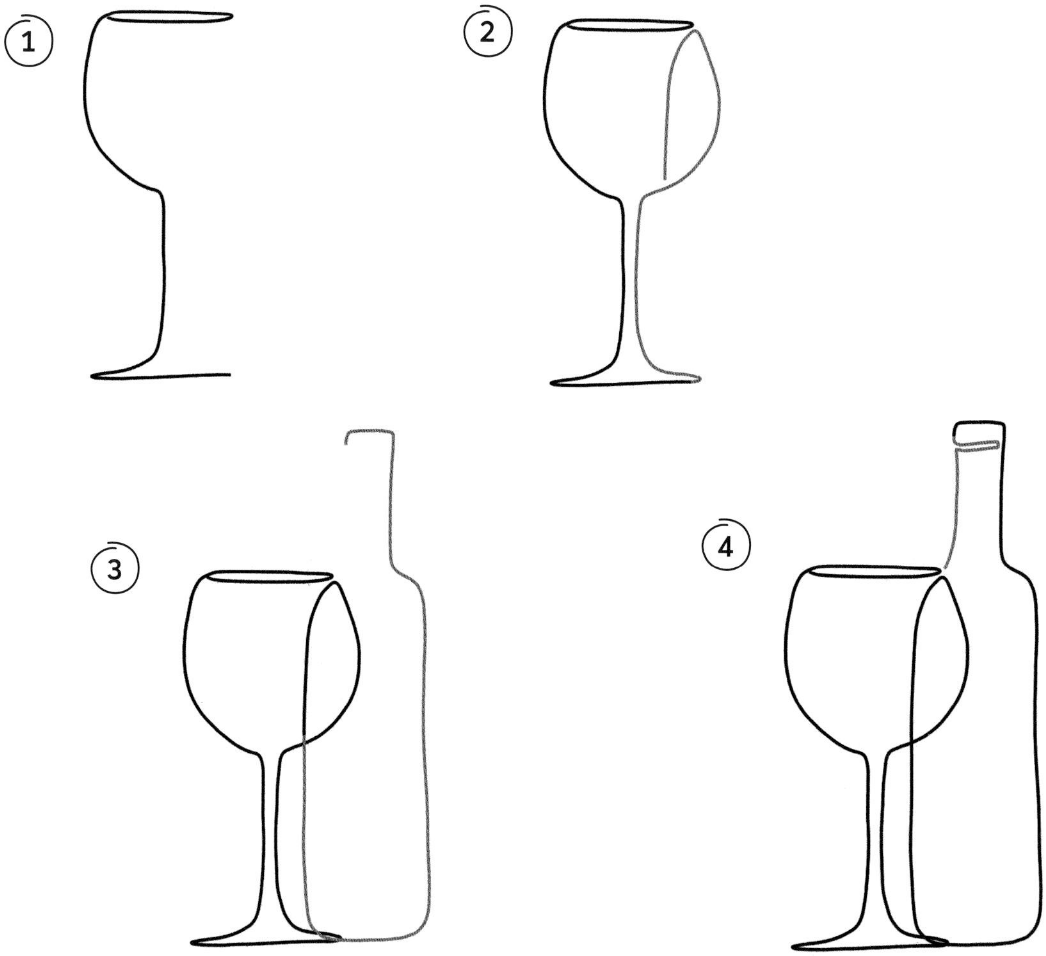

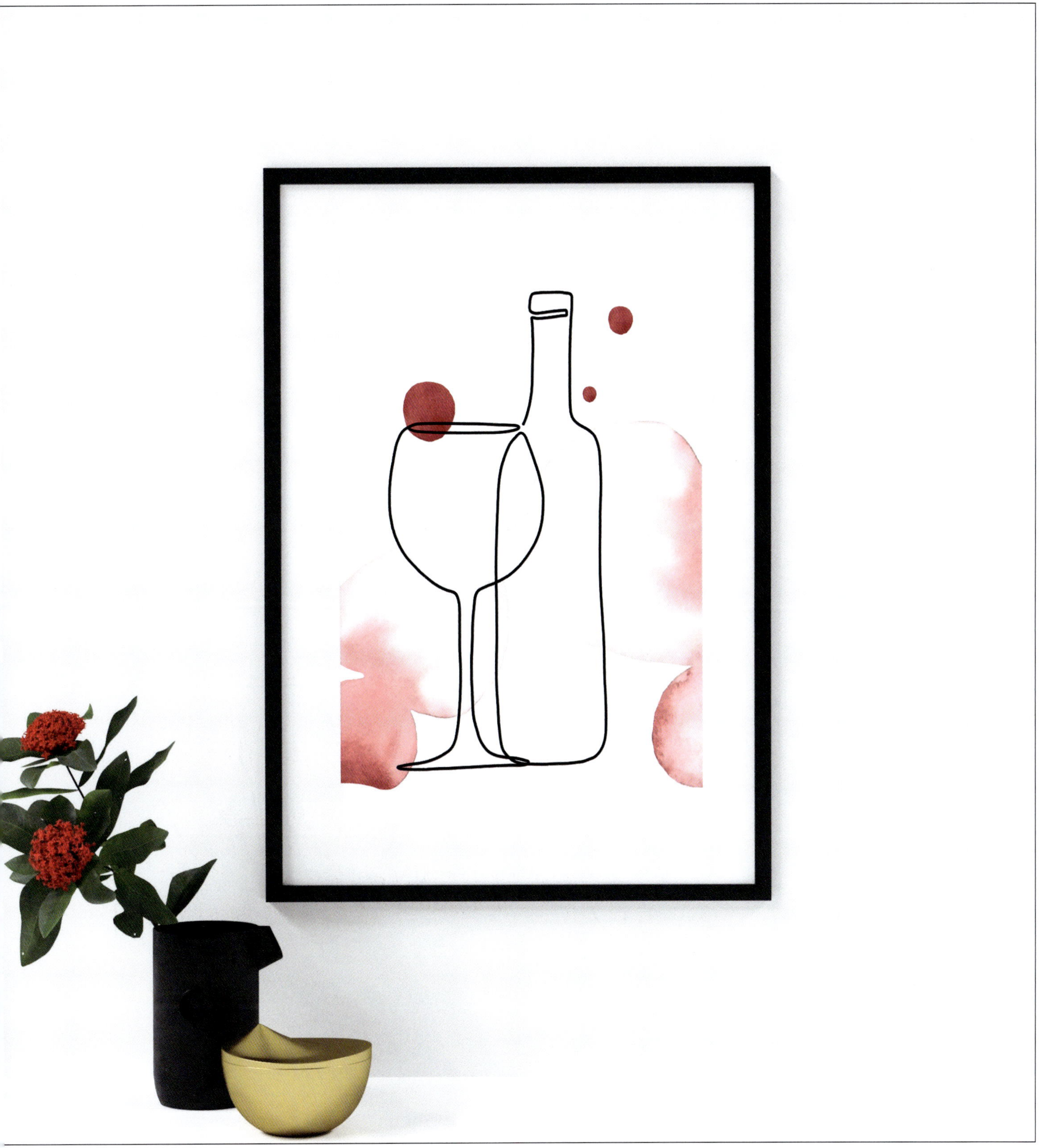

Home, sweet home

Selbst gestaltete Bilder verleihen deinen eigenen vier Wänden persönlichen Charme. Mein Tipp für dich: Kombiniere die One-Line-Zeichnung mit Farben aus deinem Zuhause. Suche als Hintergrund für das Vasenmotiv bewusst nur drei Farbtöne aus – so entsteht ein harmonisches Gesamtbild.

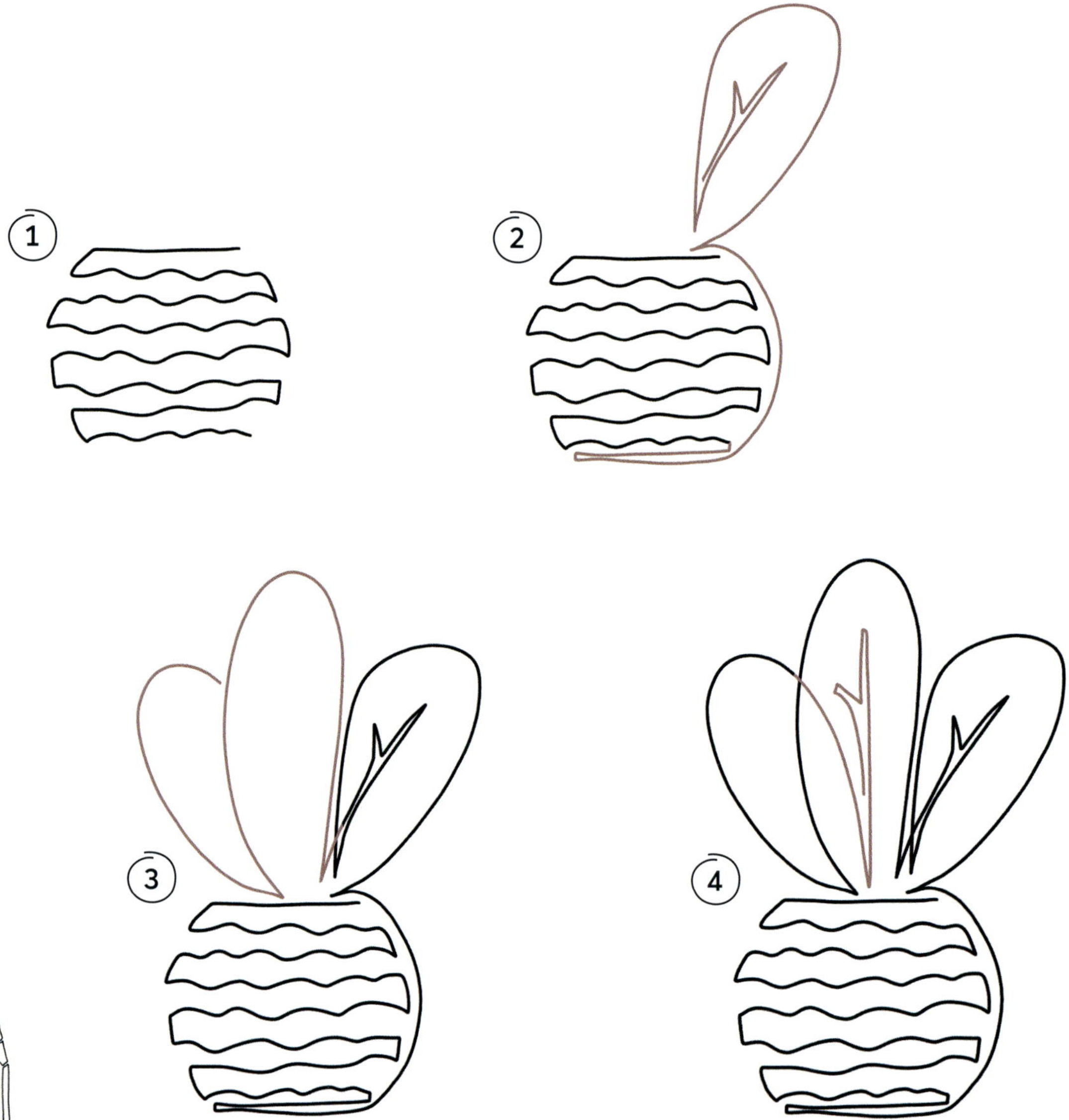

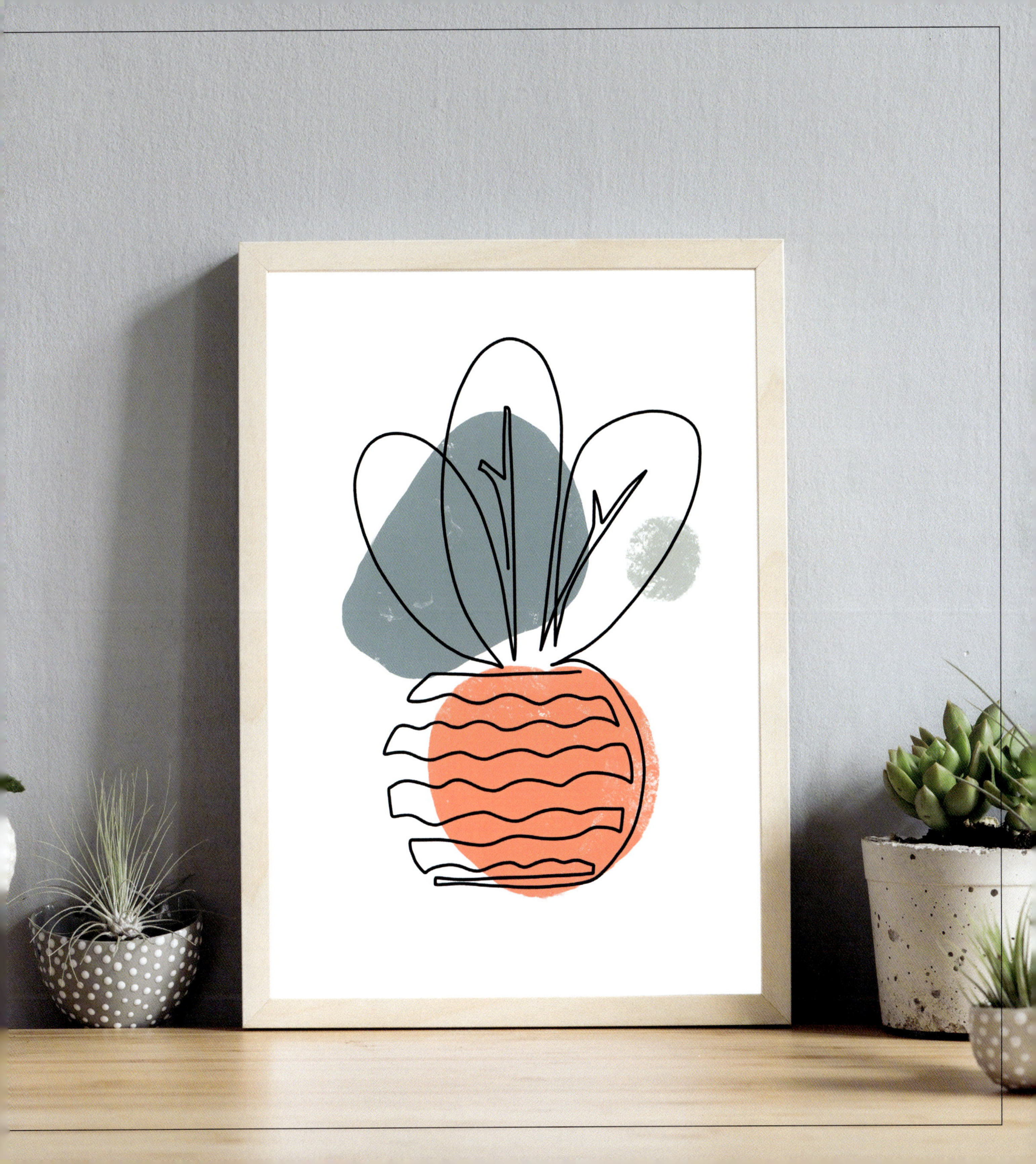

Bücherliebe

Ein leckerer Apfel und ein gutes Buch gehören für mich einfach zusammen. Warum? Ganz klar! Beides ist Genuss und Entspannung pur. Äpfel sind nachweislich gesund, und Lesen reduziert Stress, fördert die Konzentration und macht einfach Spaß!

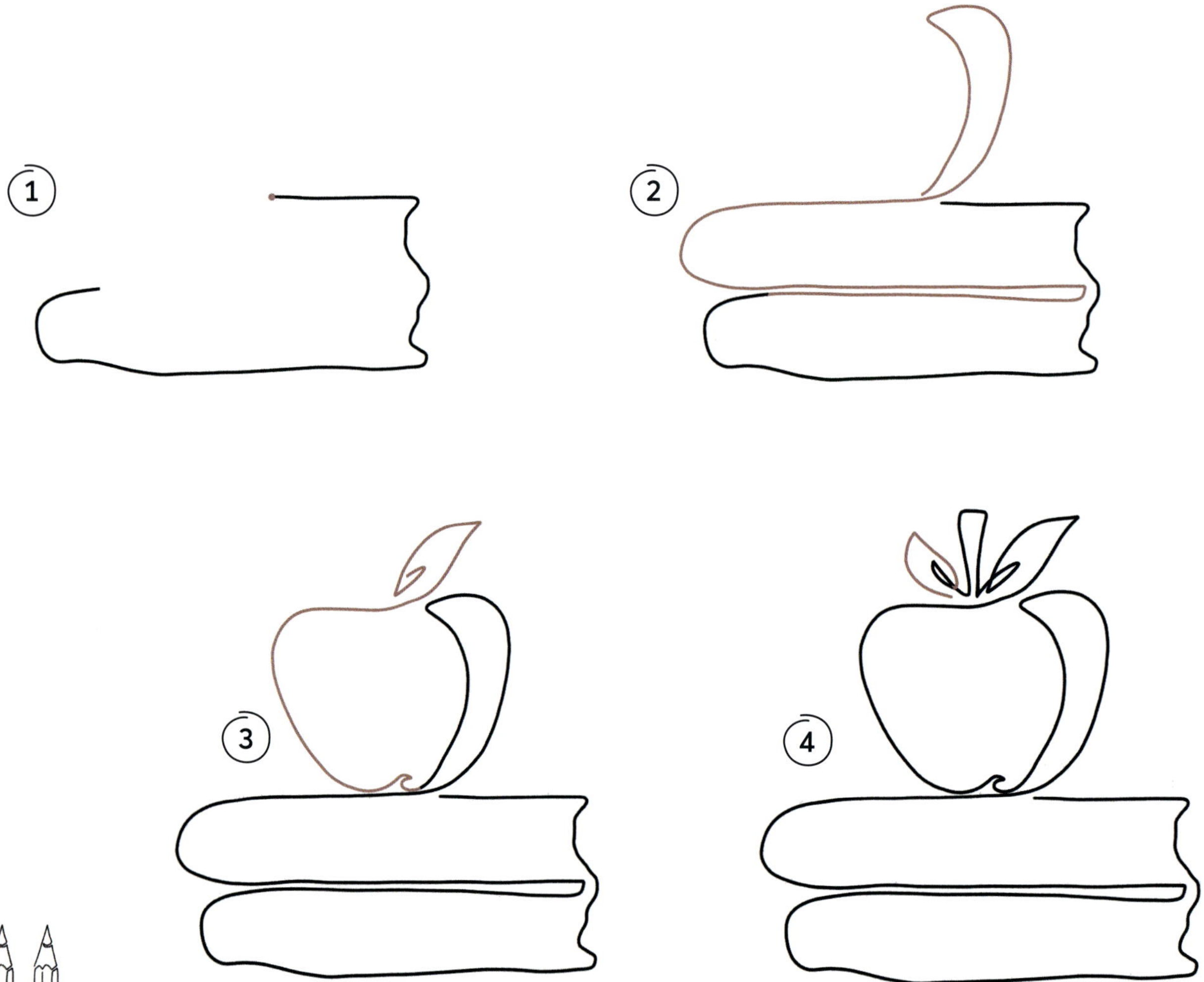

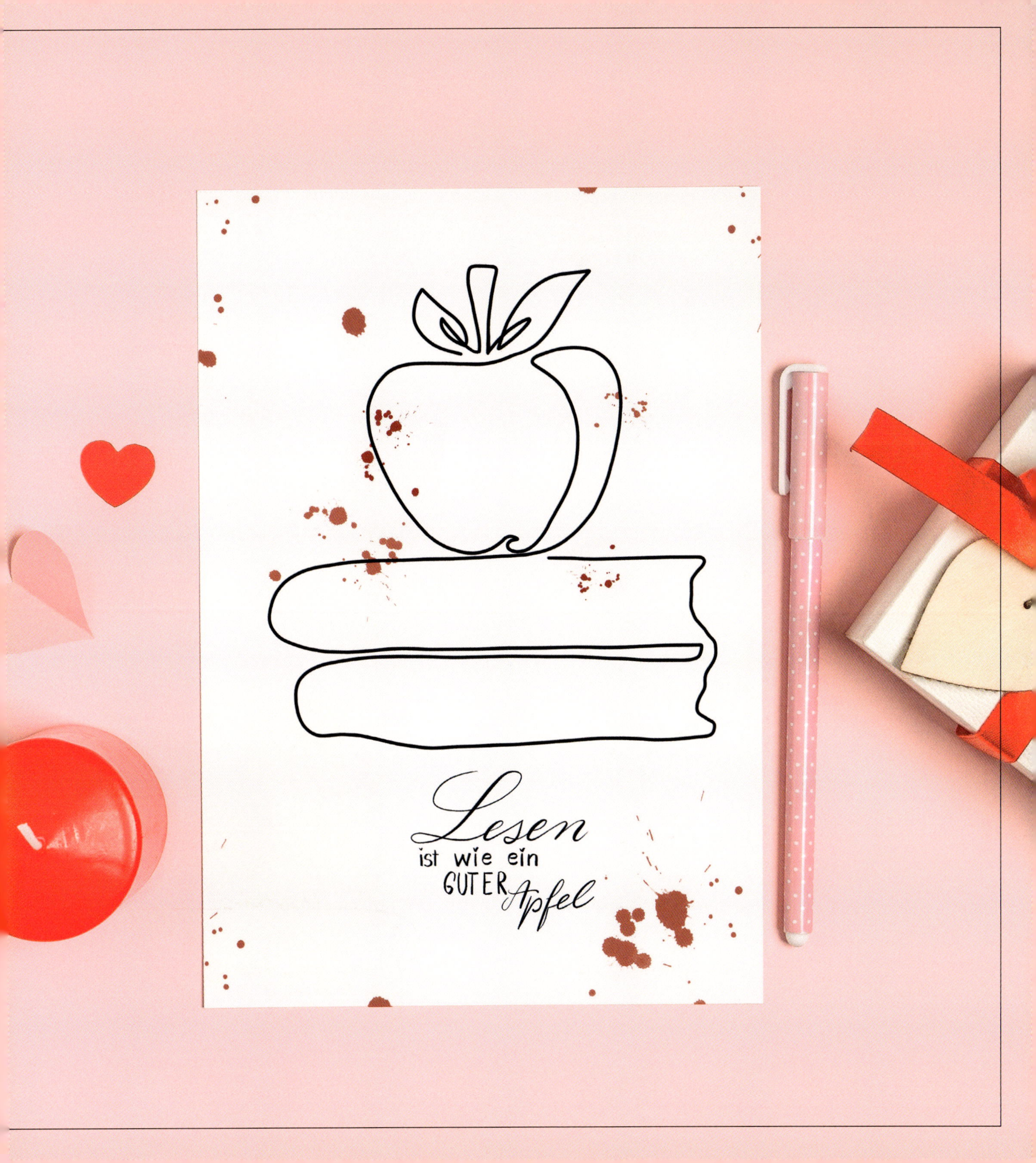
Lesen
ist wie ein
GUTER Apfel

Kleines Glück

Es gibt Tage, da fragt man sich, wo es denn ist? Das kleine Glück. Der Maler Henri Matisse drückte es in einem Zitat so aus: „Es gibt überall Blumen für den, der sie sehen will.“

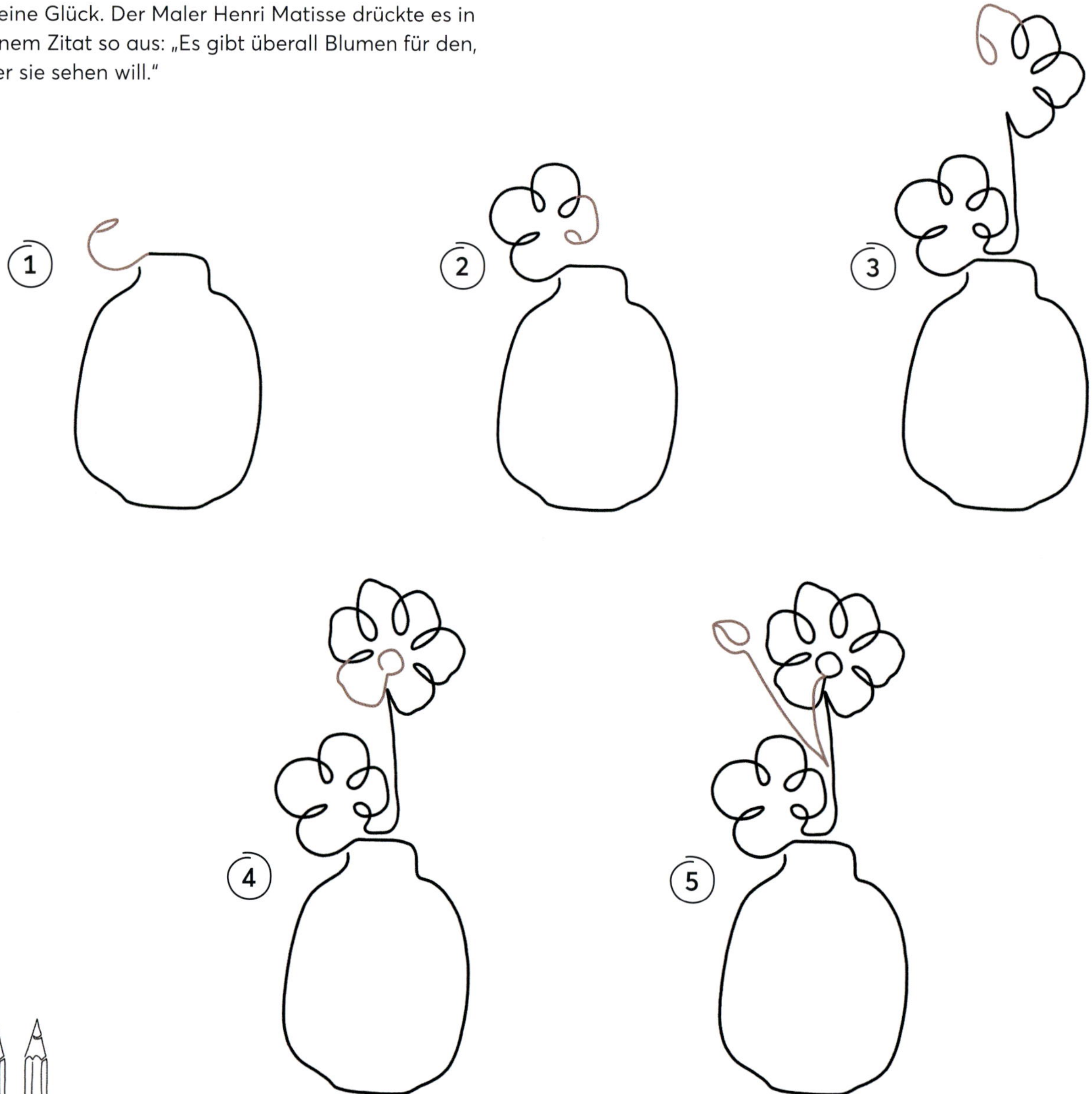

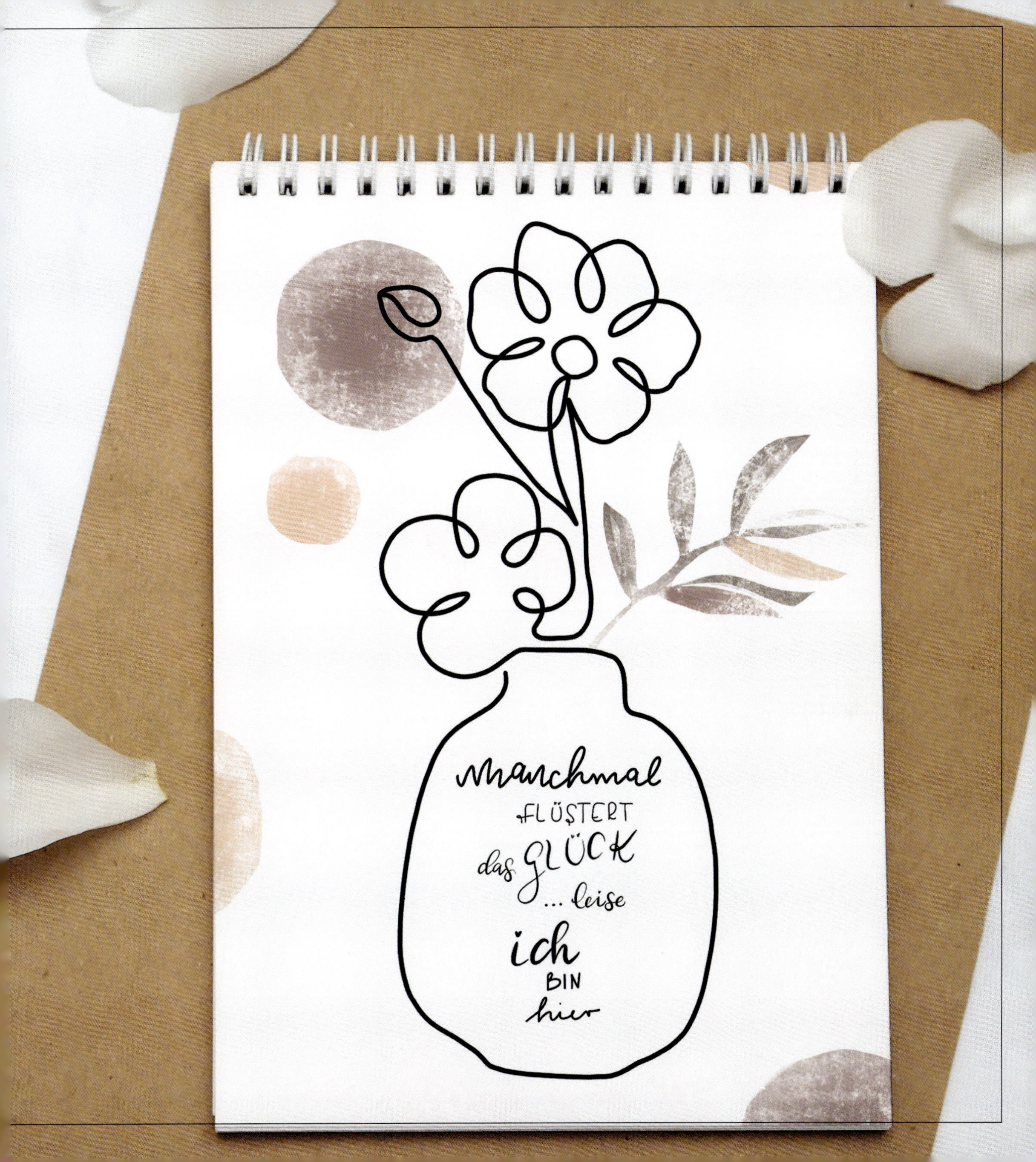
Manchmal
FLÜSTERT
das GLÜCK
... leise
ich
BIN
hier

Süße Glückwünsche

Ein süßer Cupcake ist immer ein angesagtes Geburtstagsgeschenk, besonders, wenn du ihn mit Zuckerdekor und Geburtstagskerzen verzierst.
Wie wäre es mal mit einer One-Line-Cupcake-Geburtstagskarte als perfekte Ergänzung dazu?

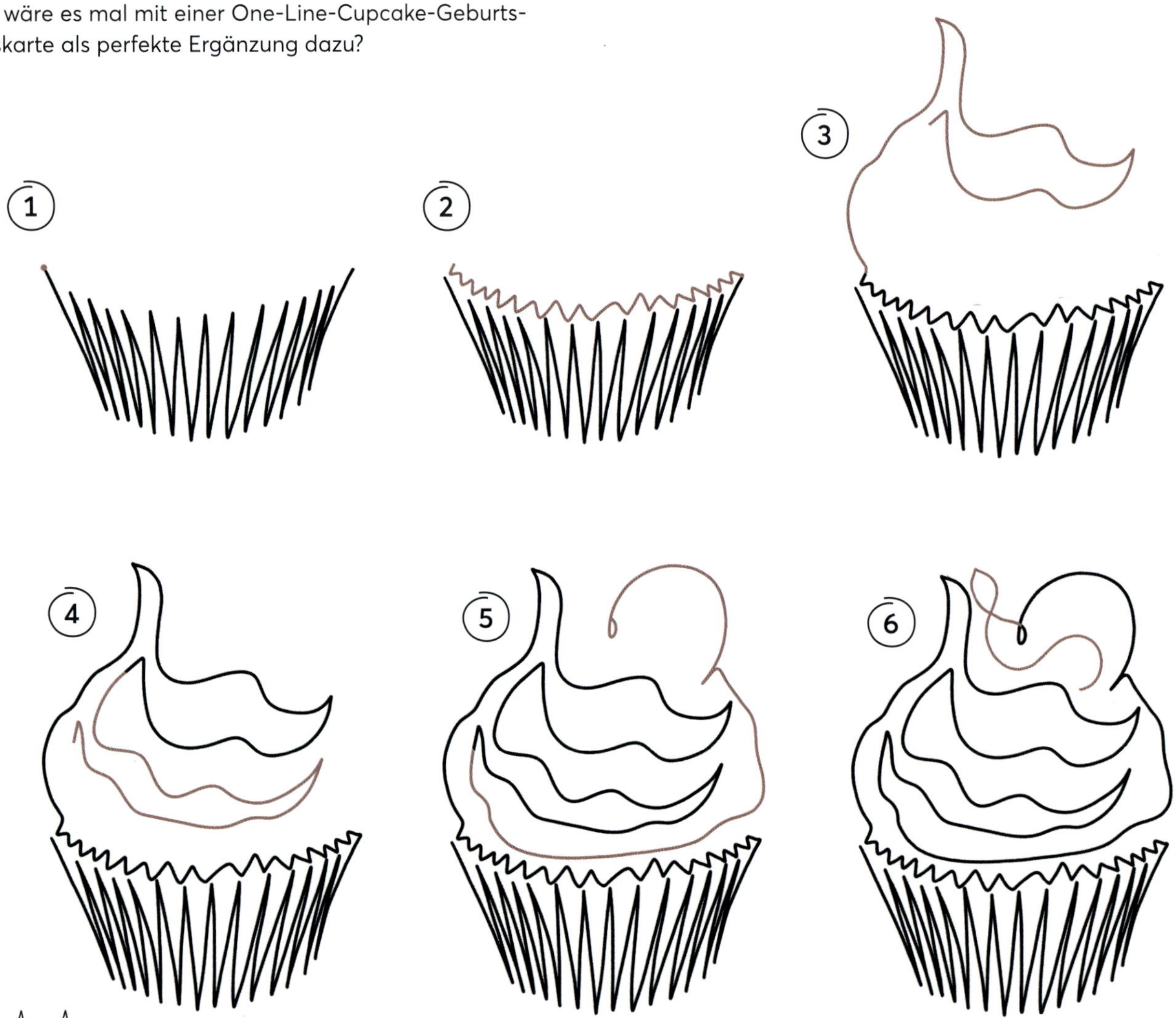

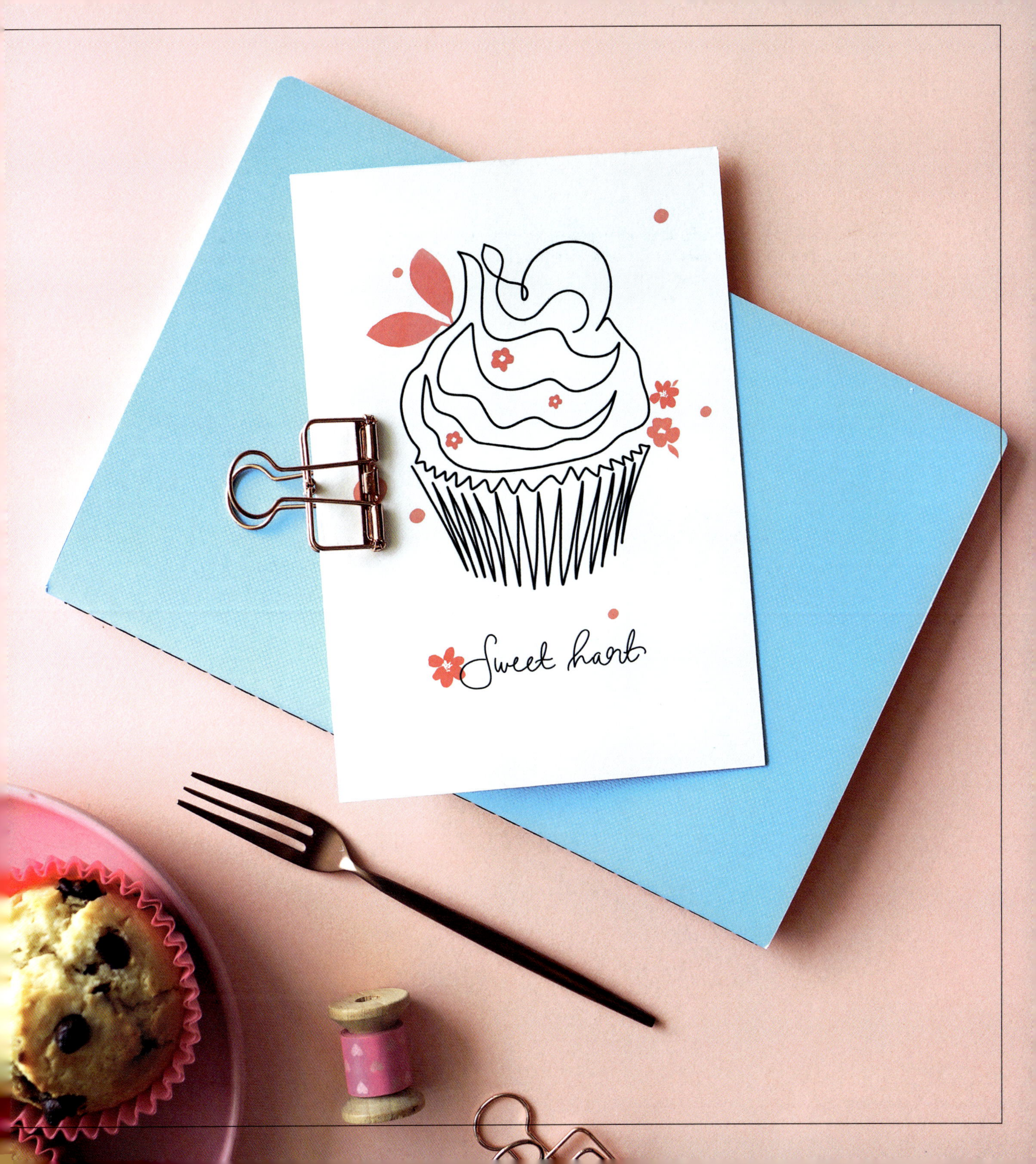
Sweet hart

Kaffeegenuss

Ob schwarz, mit Zucker oder Milch – Kaffee gehört zu den beliebtesten Getränken weltweit. Und es gibt unzählige Varianten: Für den Irish Coffee wird der Kaffee mit Whisky, Rohrzucker und Schlagsahne verfeinert.

Der Affogato ist ein Espresso mit einer Kugel Vanilleeis. Der Koffeingehalt eines Espressos ist übrigens aufgrund der starken Röstung der Bohnen besonders hoch. Lasse es dir schmecken!

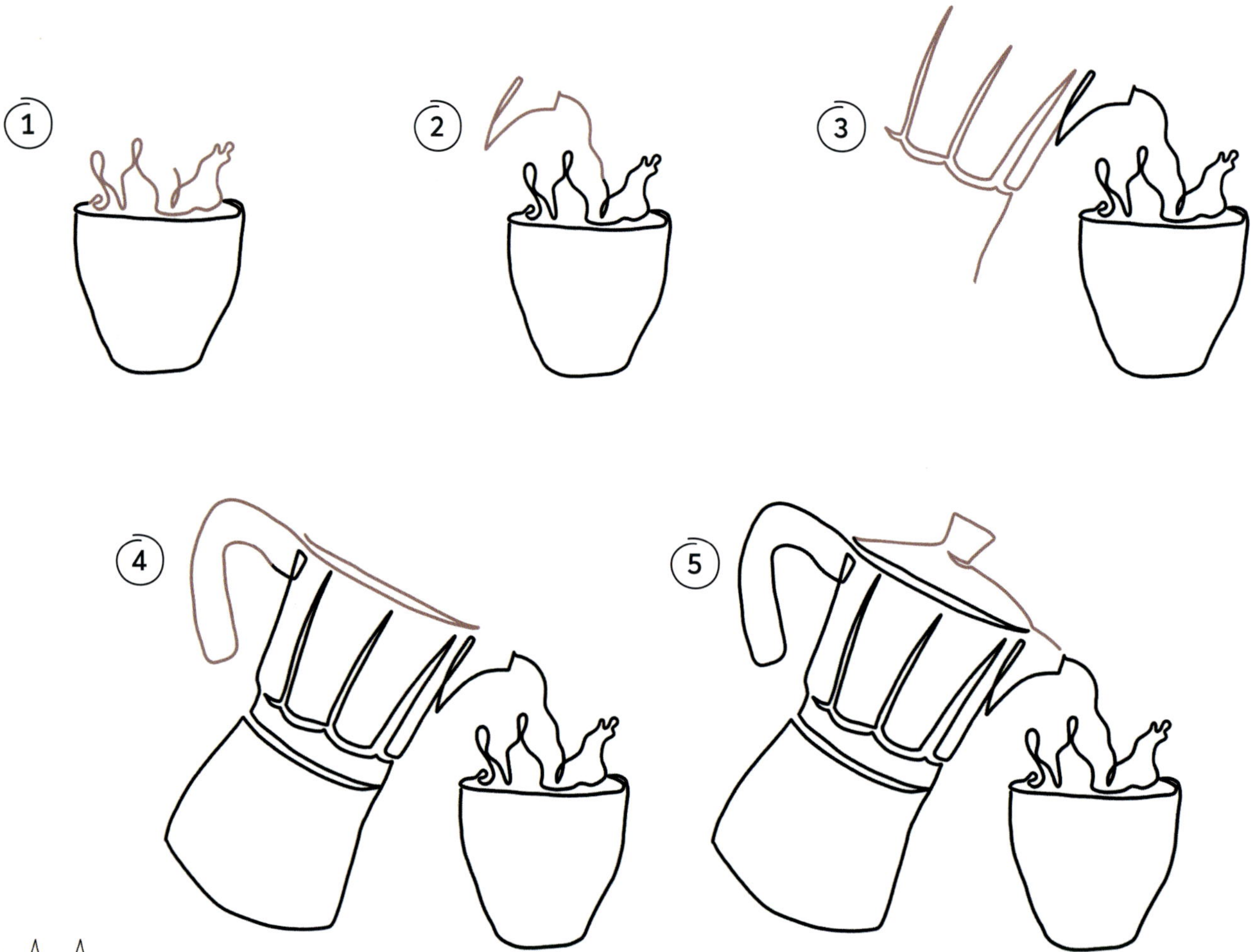

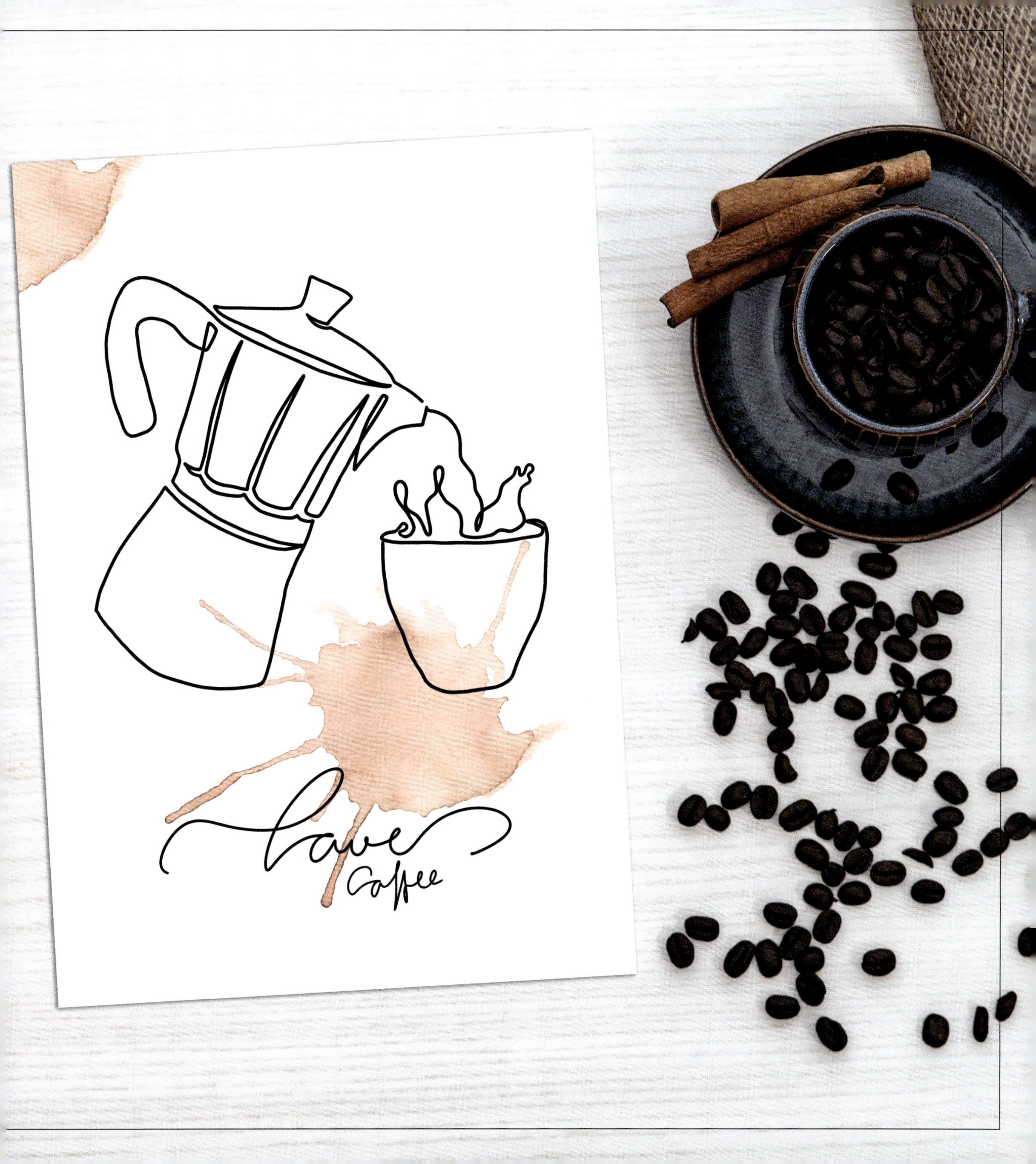
love
coffee

Früchte

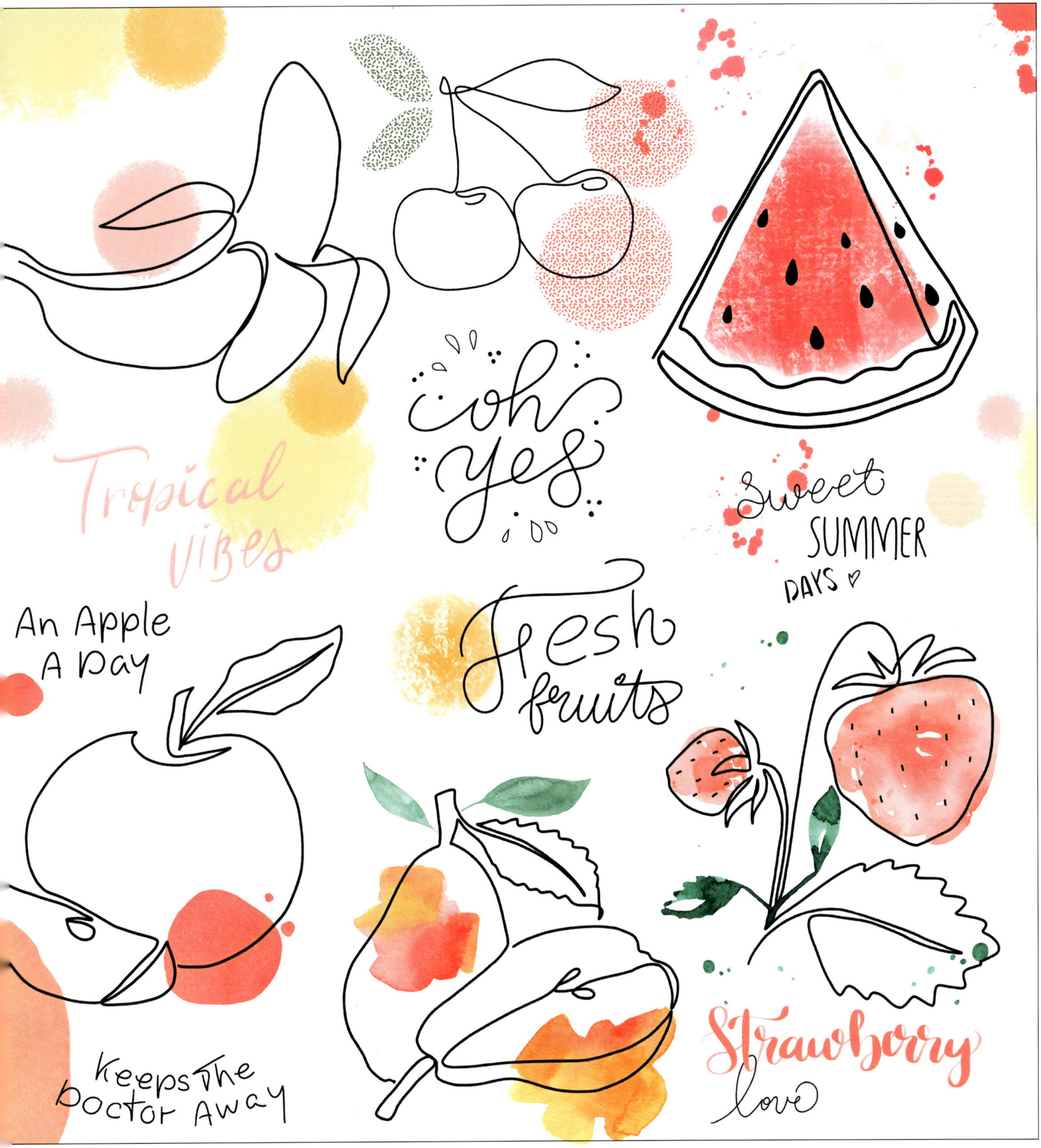

Tropical vibes
oh yes
Sweet SUMMER DAYS
An Apple A Day
Fresh fruits
keeps the doctor Away
Strawberry love

Melone

Unter den vielen leckeren Melonenarten ist die Wassermelone wohl die bekannteste. Wir genießen sie besonders gern in den Sommermonaten. Wusstest du eigentlich, das es sich bei Melonen gar nicht um Obst, sondern um ein Gemüse handelt? Deshalb passt die Melone auch wunderbar zu einem Grünen Salat.

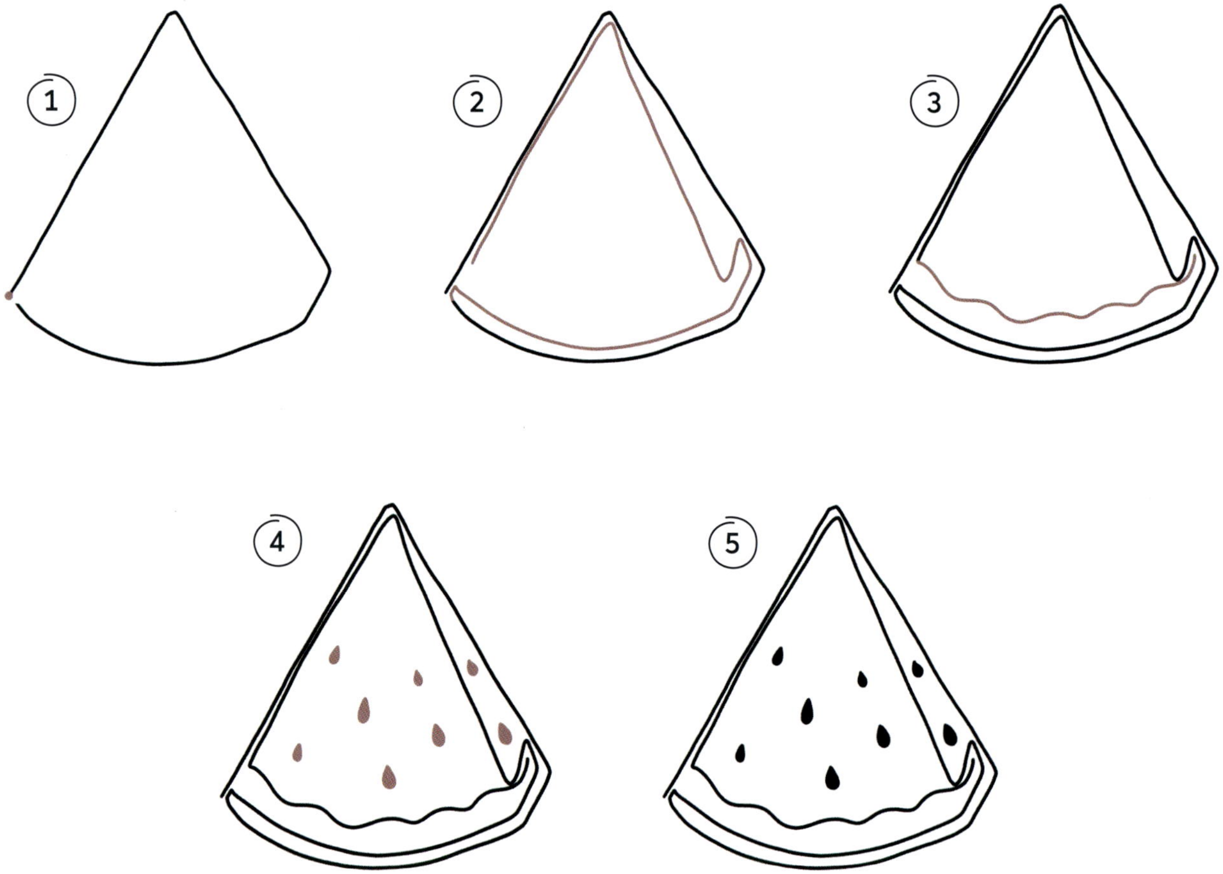

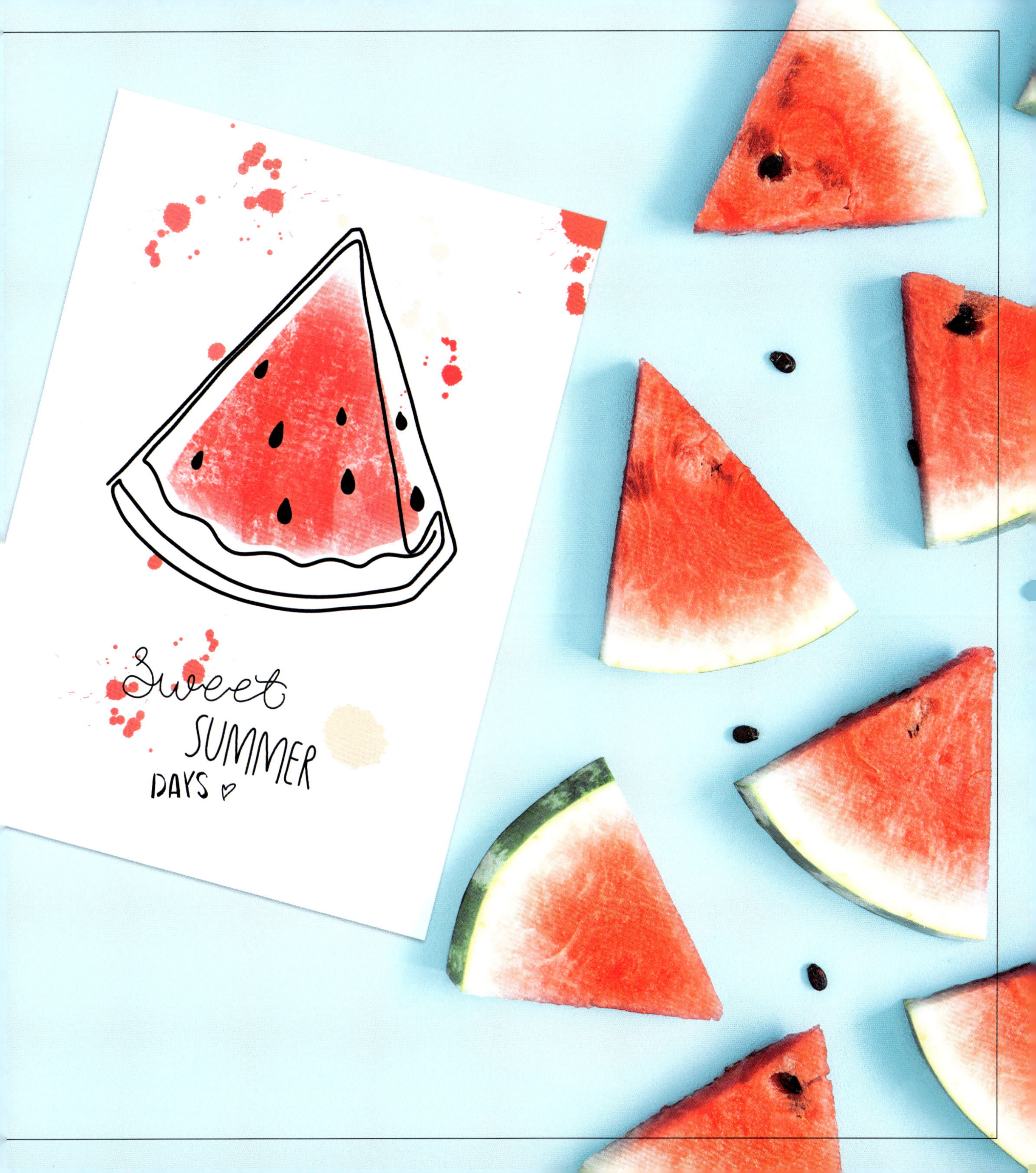
Sweet
SUMMER
DAYS

Kirschen

Kirsche sind einfach wunderbare Früchte. Ob frisch vom Baum oder im Kuchen – ich liebe ihren Geschmack. Und sie sind eines meiner Lieblingsobjekte fürs Zeichnen. Hier habe ich den digitalen Hintergrund mit Procreate erstellt. Digitale Hintergründe passen perfekt zu der One Line Art.

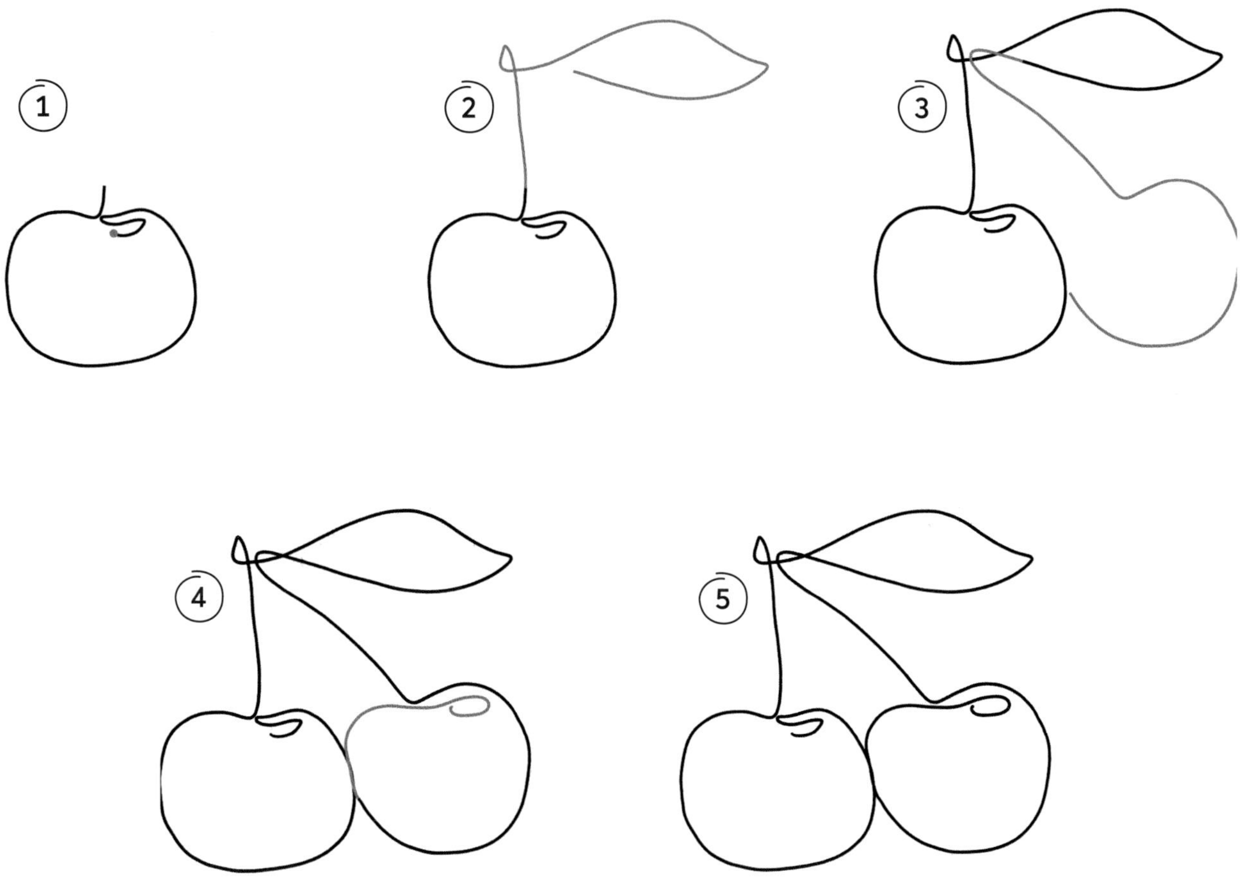

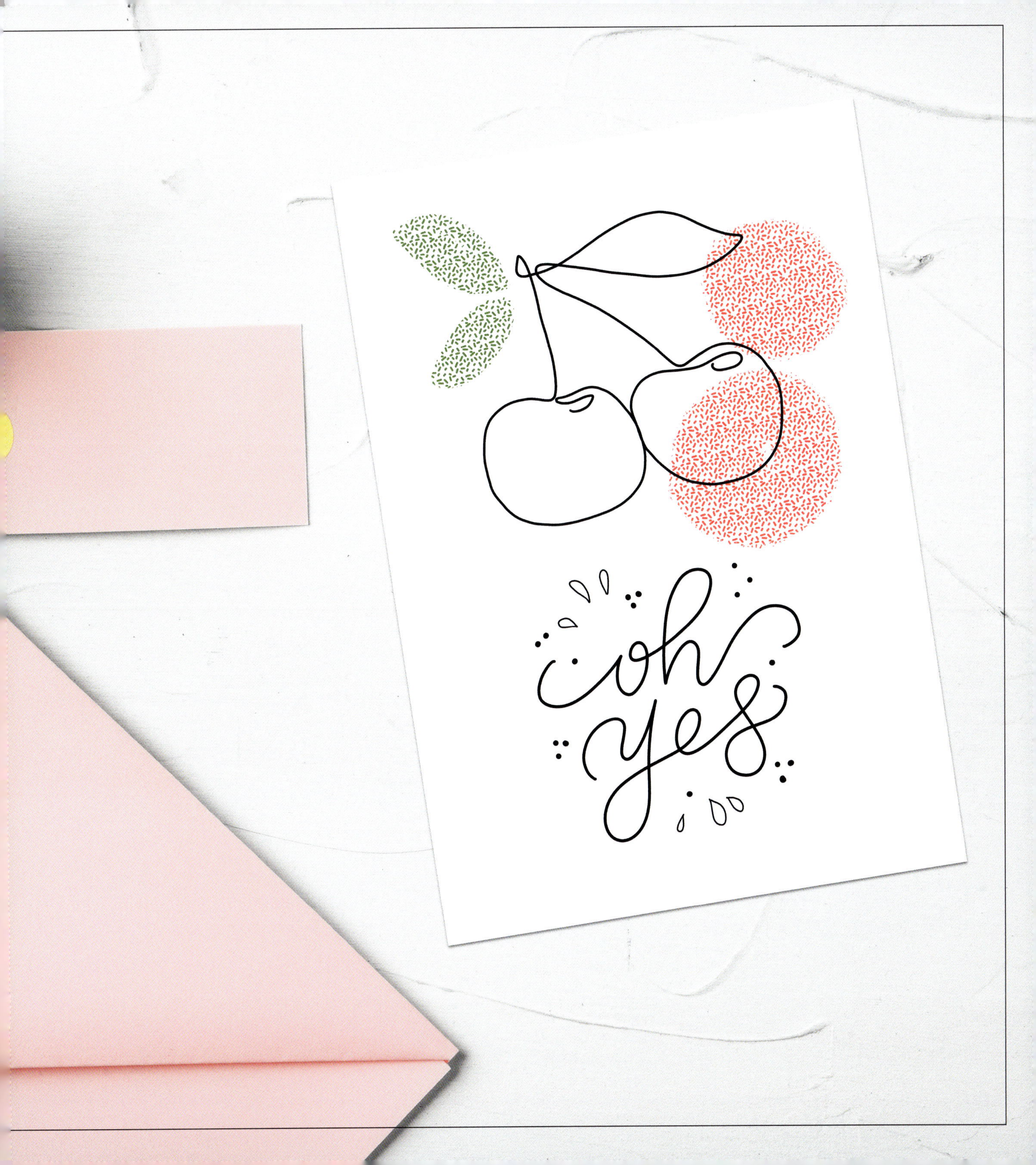
oh yes

Banane

Wir lieben diese vielseitige und gesunde Tropenfrucht
im Müsli oder Obstsalat oder ganz einfach pur.
Im Trend liegt sie auch als Backzutat für Brot.

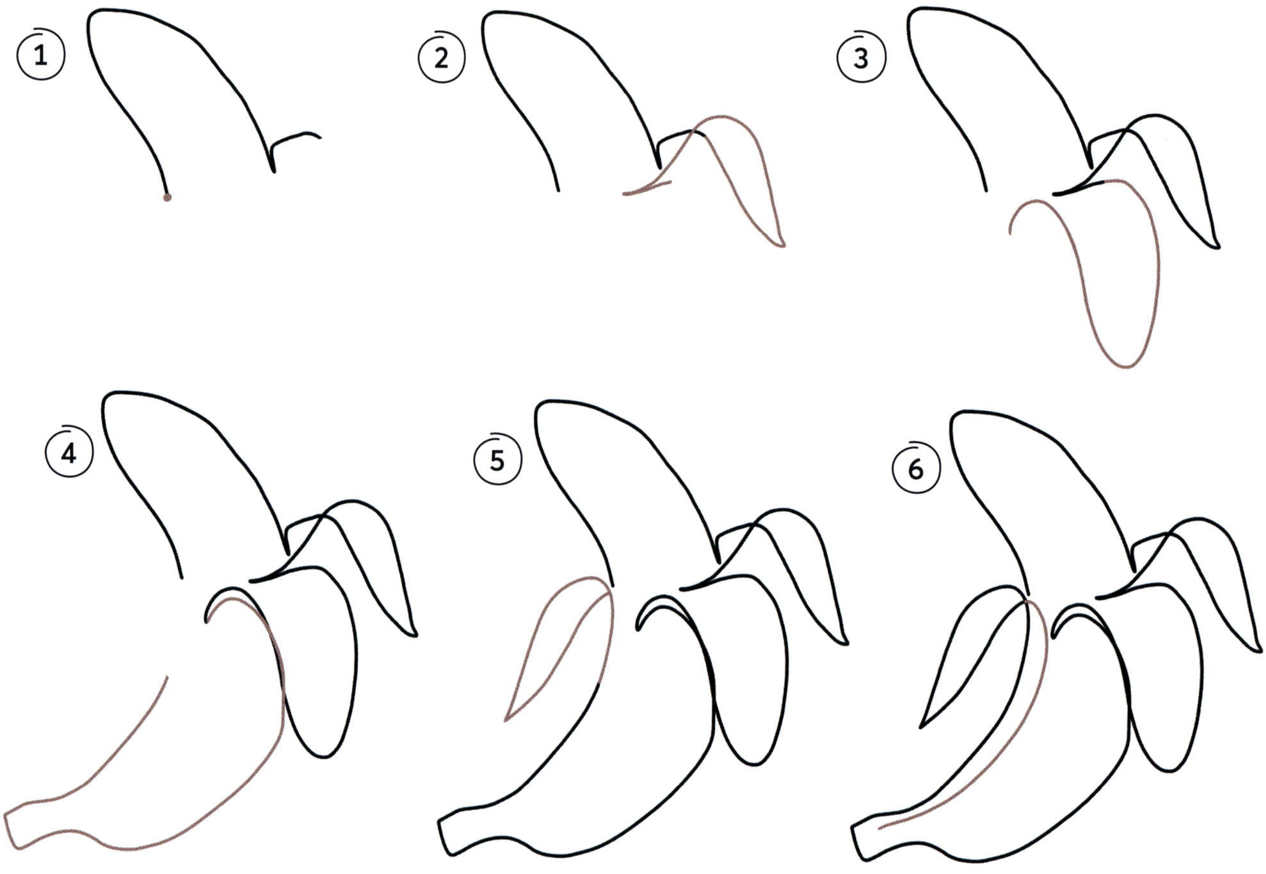

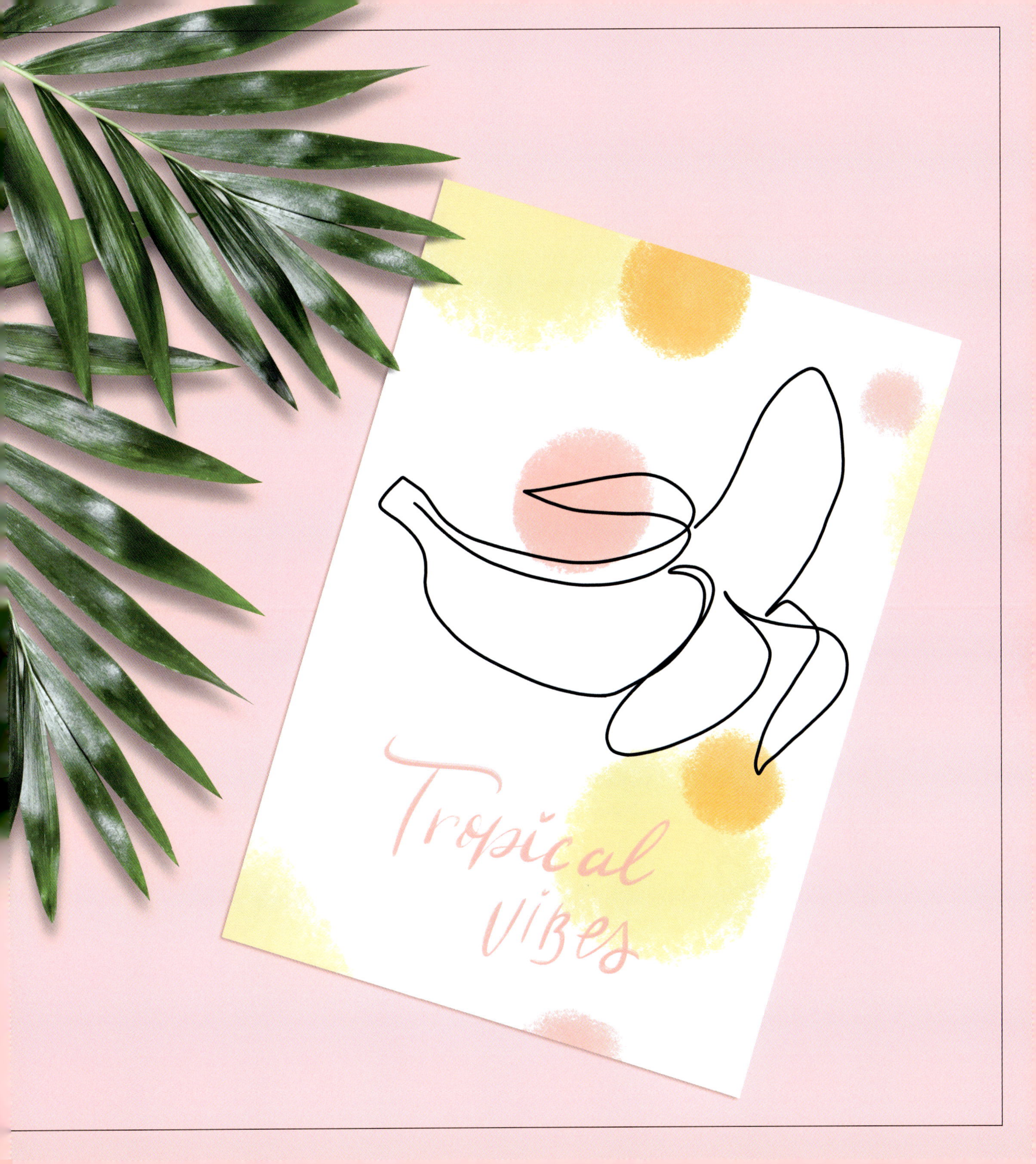
Tropical
Vibes

Erdbeeren

Mit dem Körbchen am Arm über ein Erdbeerfeld laufen und jede Menge duftende Erdbeeren einsammeln. Danach eine leckere Marmelade kochen, das Gläschen mit einem Band schön verzieren und eine Karte beilegen. Fertig ist das perfekte kleine Mitbringsel für die nächste Gartenparty!

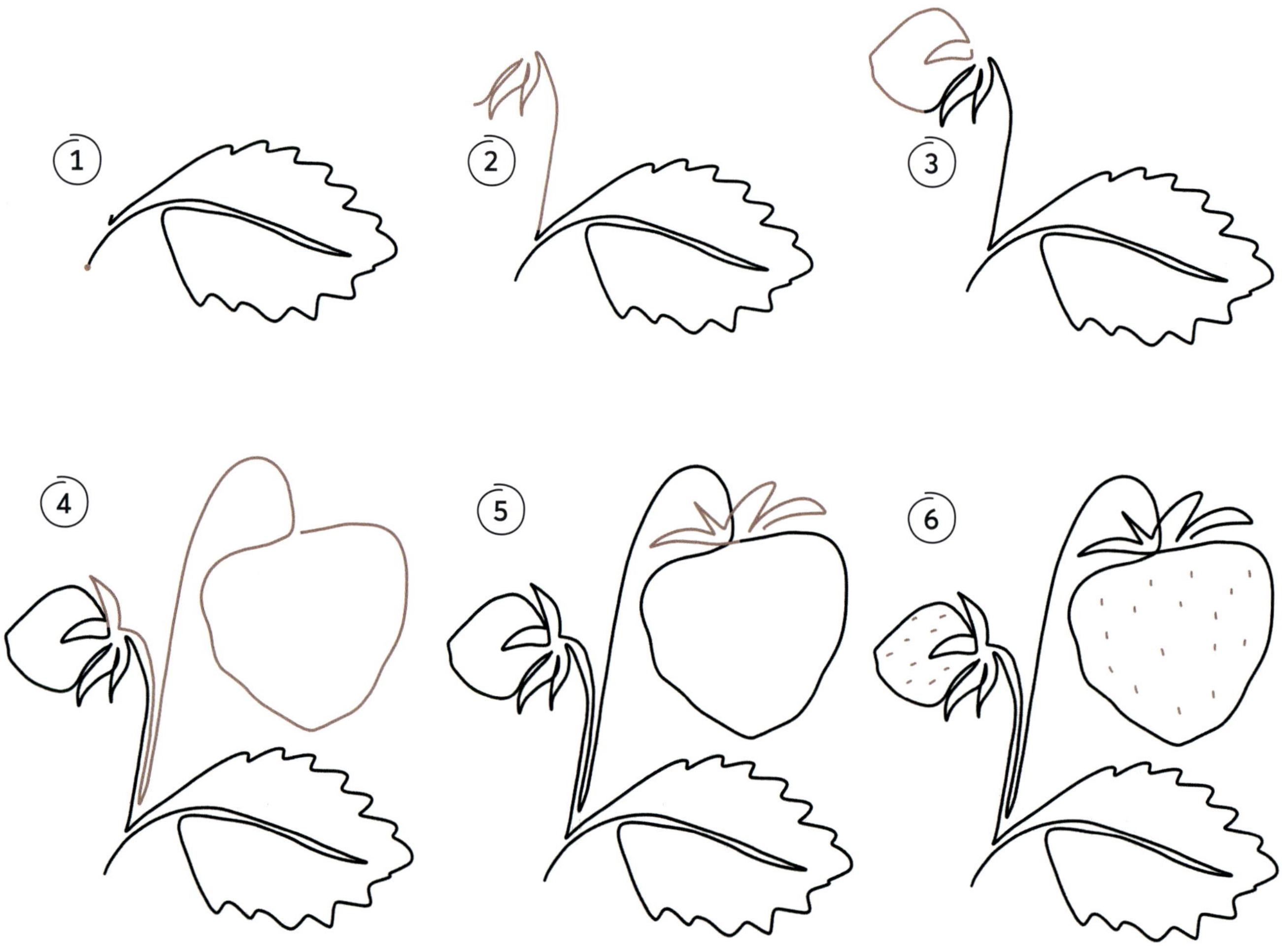

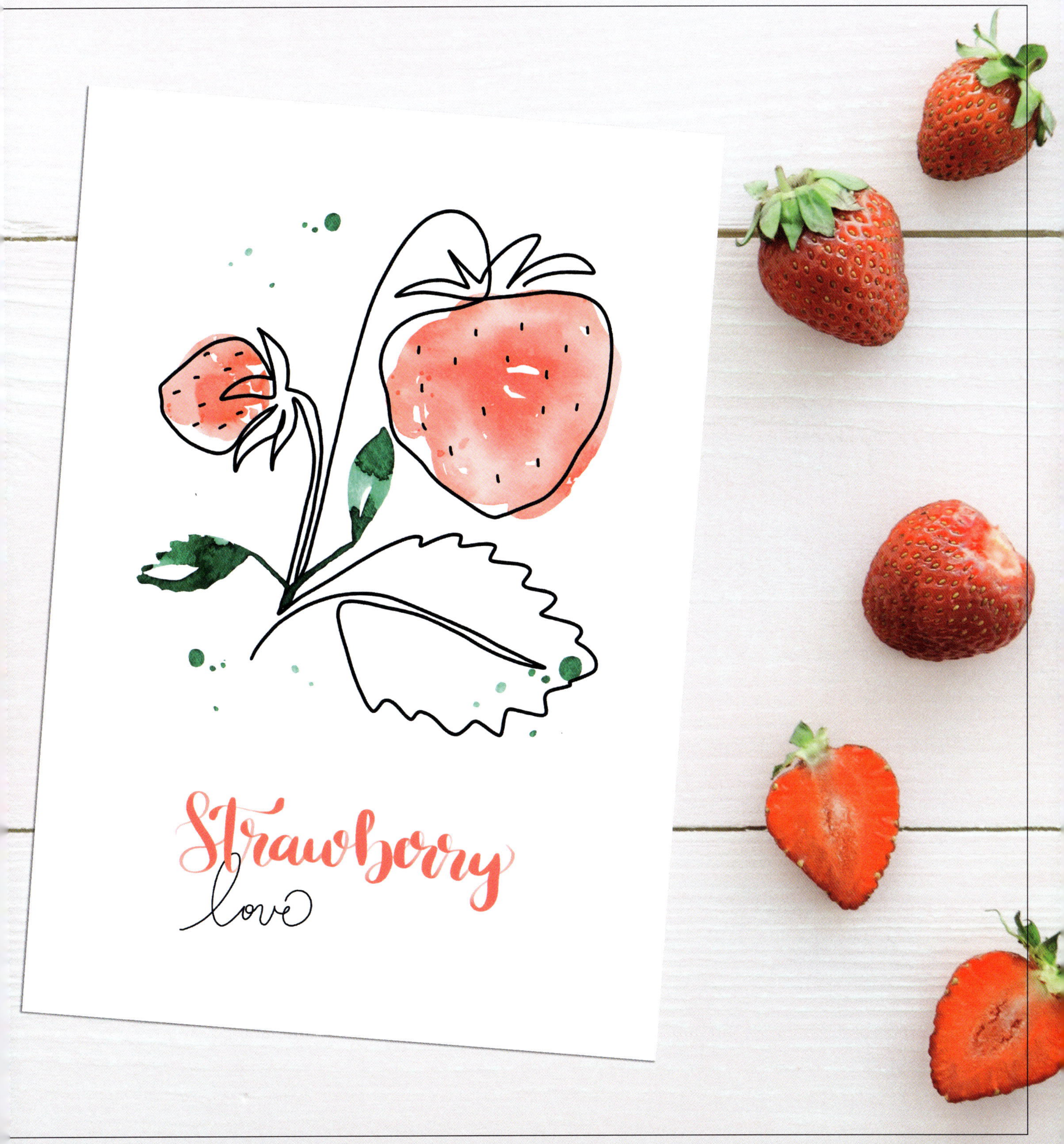
Strawberry
love

Äpfel

Der Apfel gehört zu den ältesten Kulturobstarten in Europa. Im Altertum und im christlichen Kulturkreis galten Äpfel nicht nur als Symbol der Liebe, sondern auch als Sinnbild für Fruchtbarkeit. Die Erntezeit für Äpfel ist der Herbst – für mich ist der Herbst der beste Künstler.

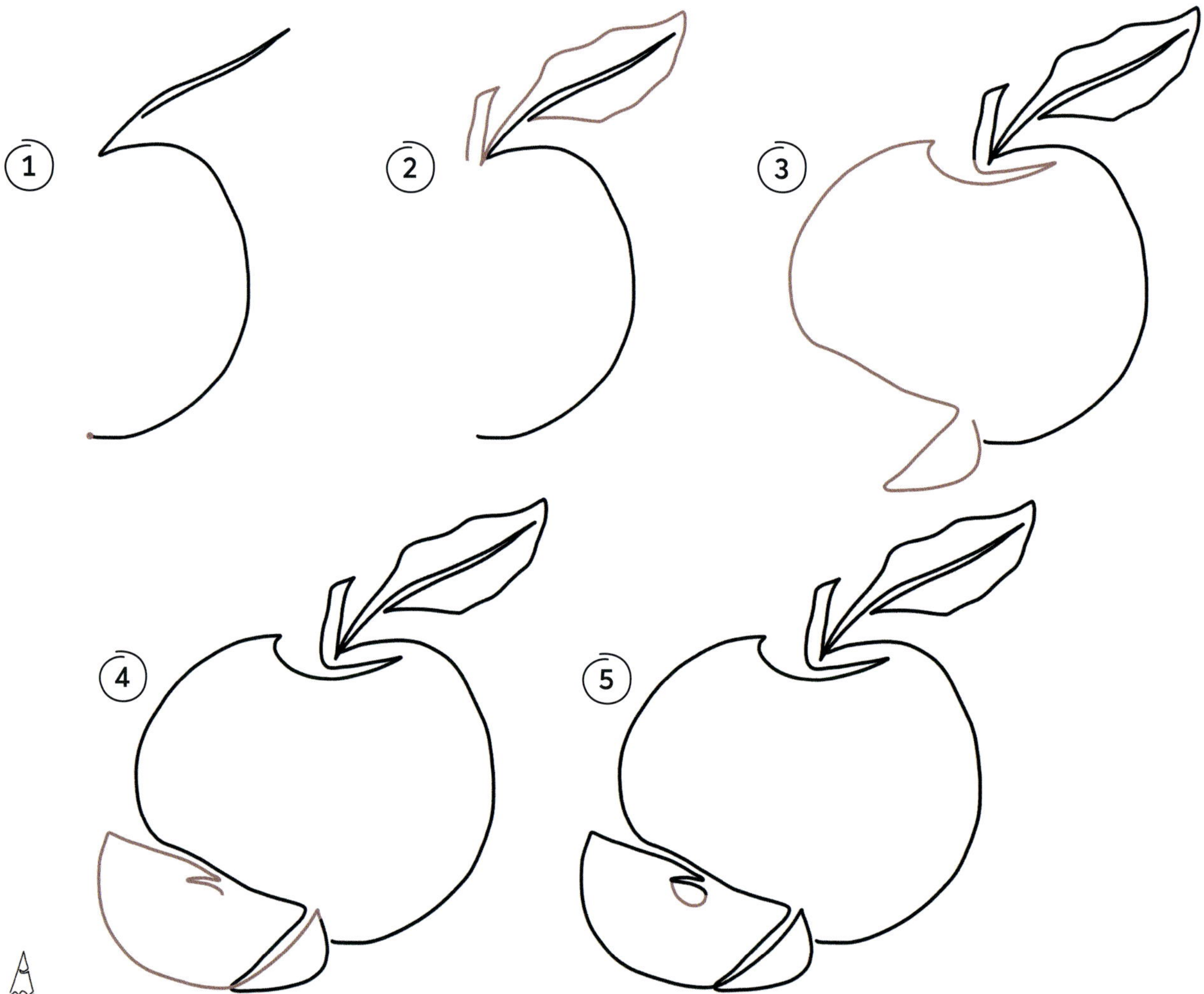

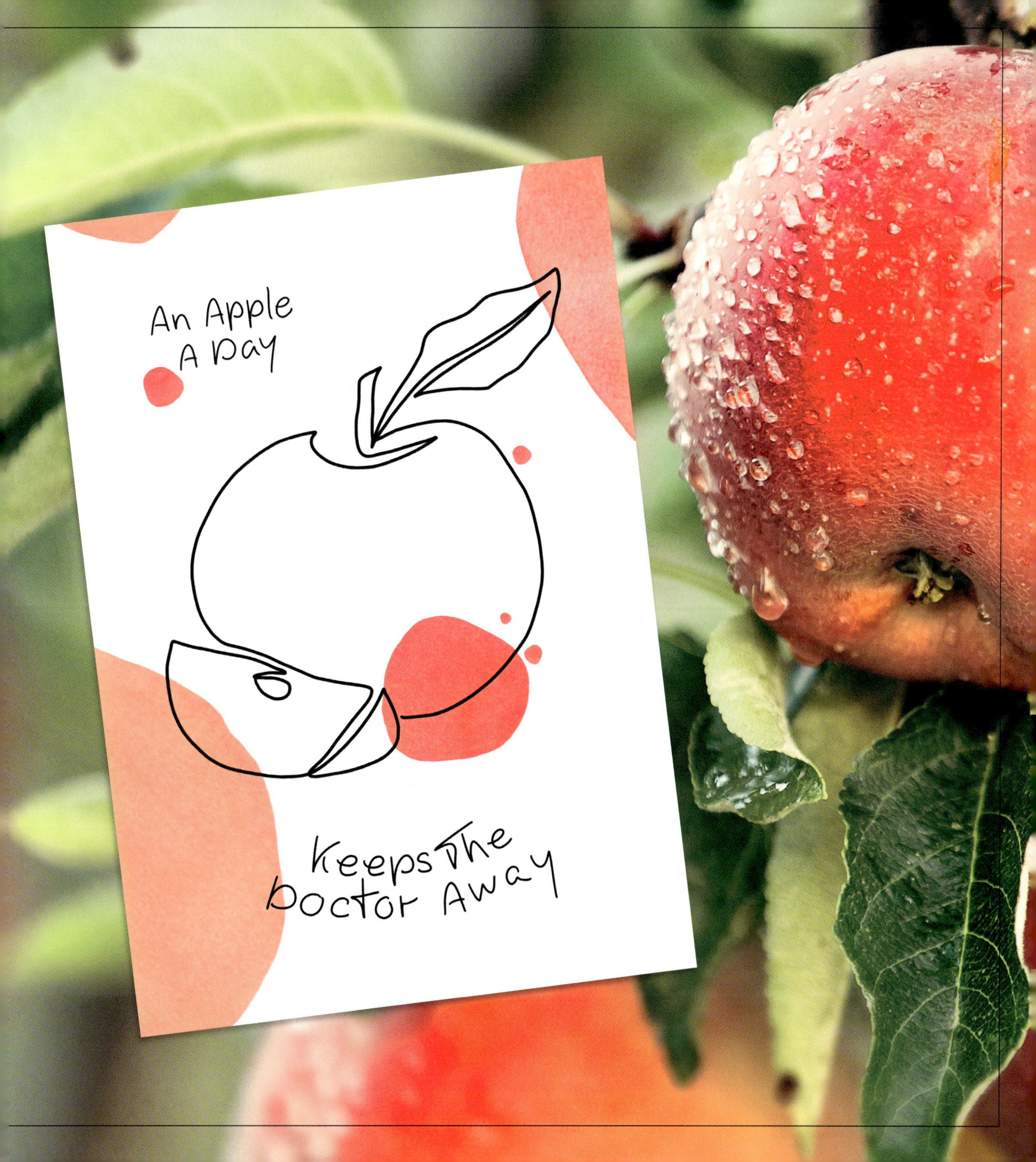
An Apple
A Day
Keeps The
Doctor Away

Birnen

Birnen dürfen im Herbst nicht fehlen. Die Birne ist vielleicht nicht das Trendobst schlechthin, aber in einer modern gestalteten One-Line-Zeichnung gibt sie zusammen mit dem farbenfrohen Aquarellhintergrund doch ein sehr cooles Motiv ab. Und lecker ist sie obendrein!

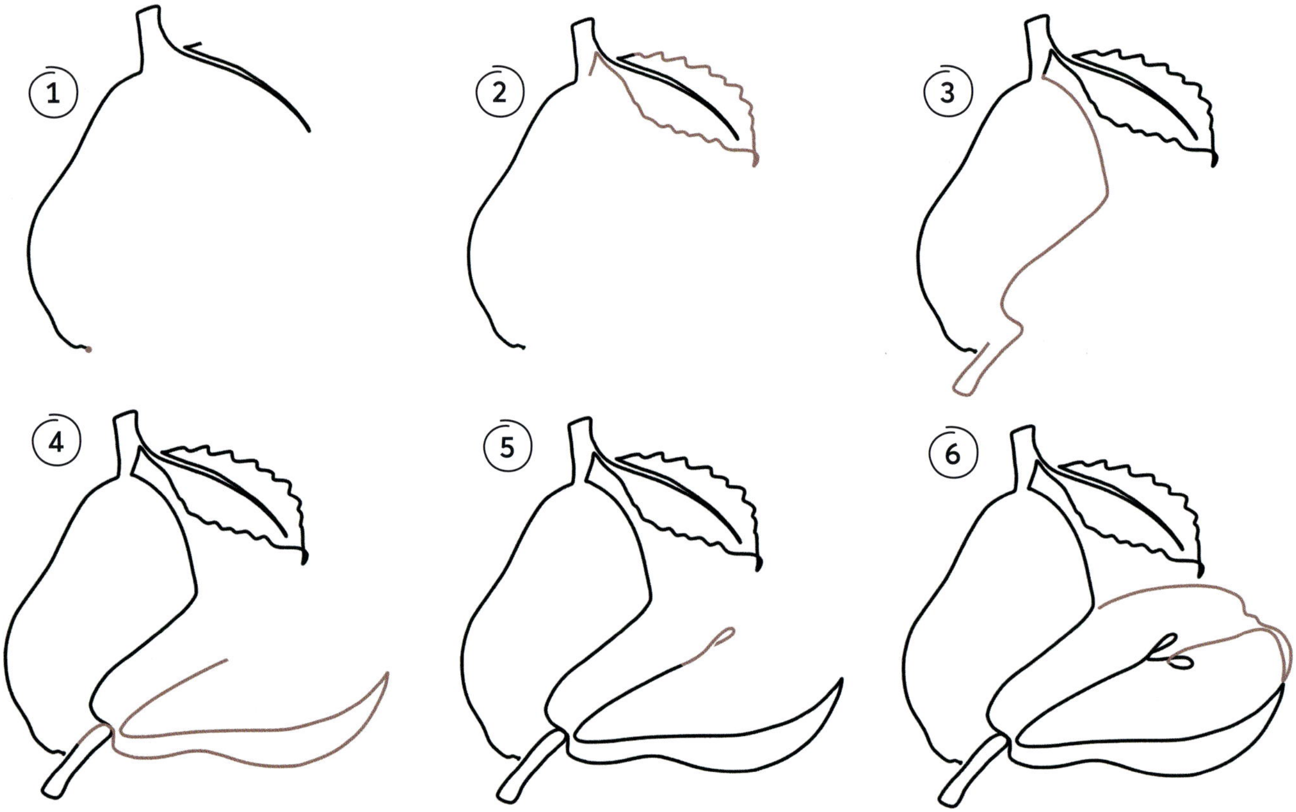

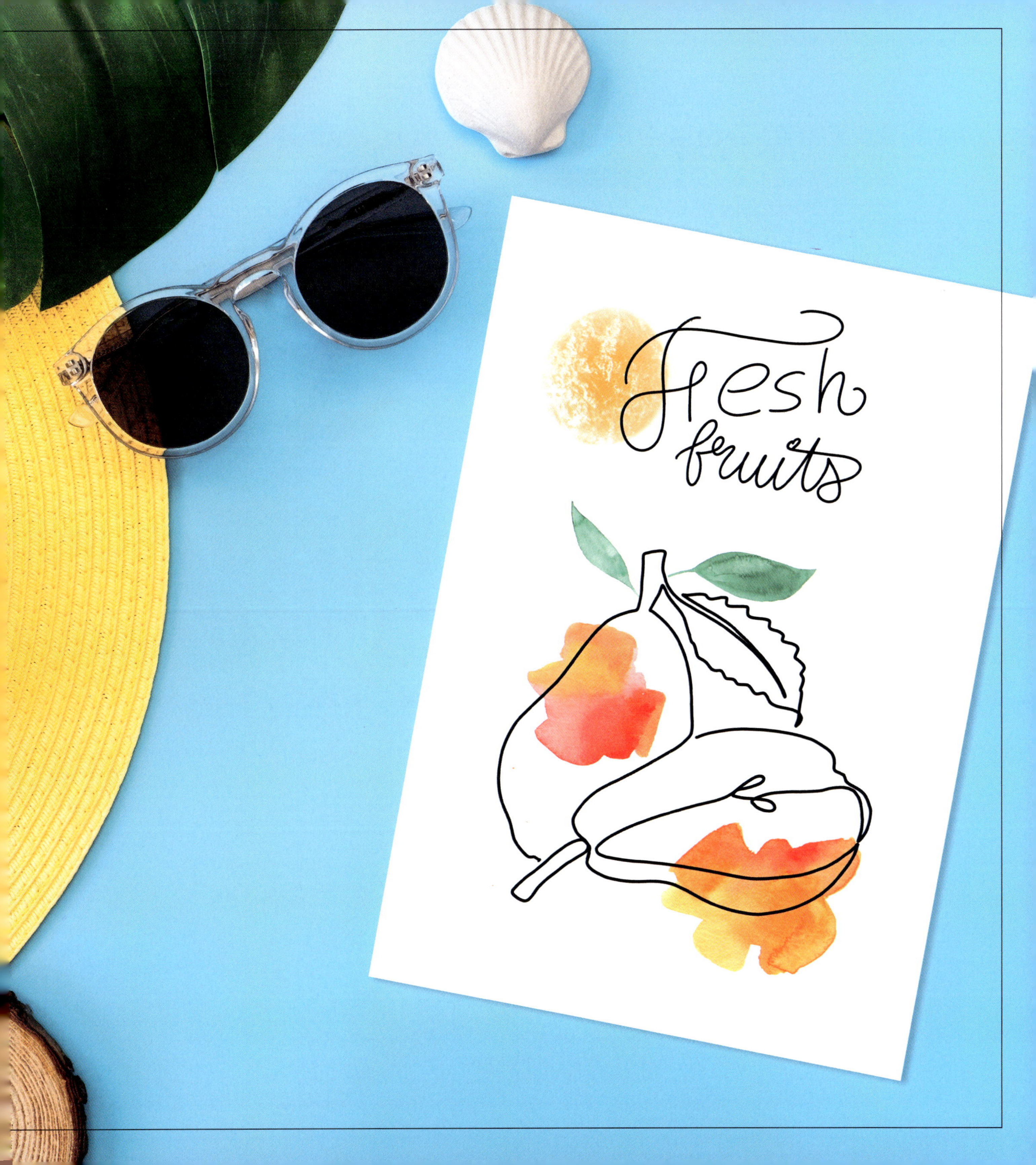
Fresh
fruits

Lieblingsfeste

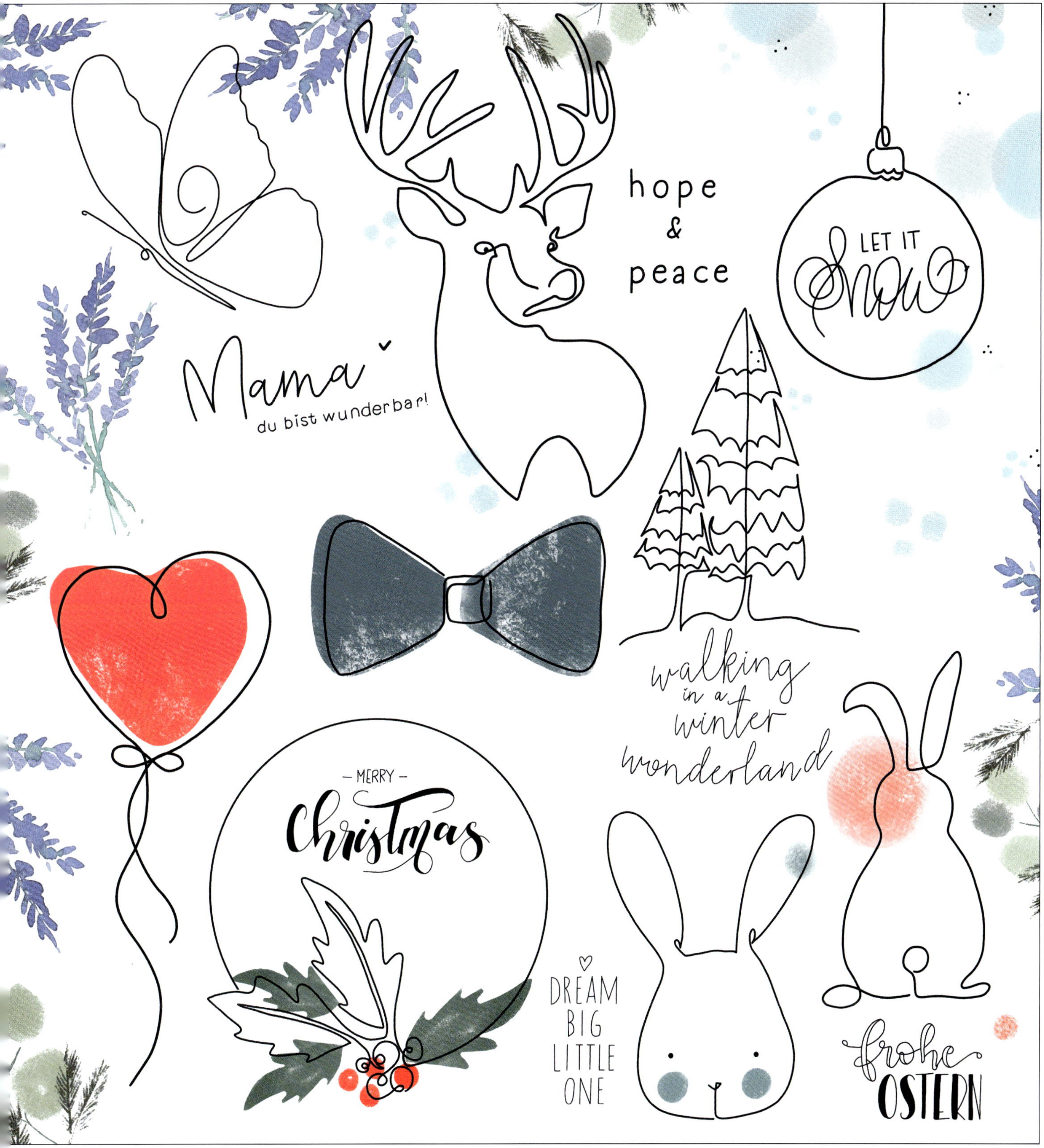
hope
&
peace
LET IT
Snow
Mama
du bist wunderbar!
walking
in a
winter
wonderland
MERRY
Christmas
DREAM
BIG
LITTLE
ONE
frohe
OSTERN

Kindergeburtstag

Es müssen nicht immer Süßigkeiten sein – ein selbst gemaltes Bild ist ein sehr persönliches und individuelles Geschenk. Mit einem Passepartout in einem passenden Bilderrahmen wirkt dein Motiv sehr hochwertig und wird dem Geburtstagskind sicher Freude bereiten.

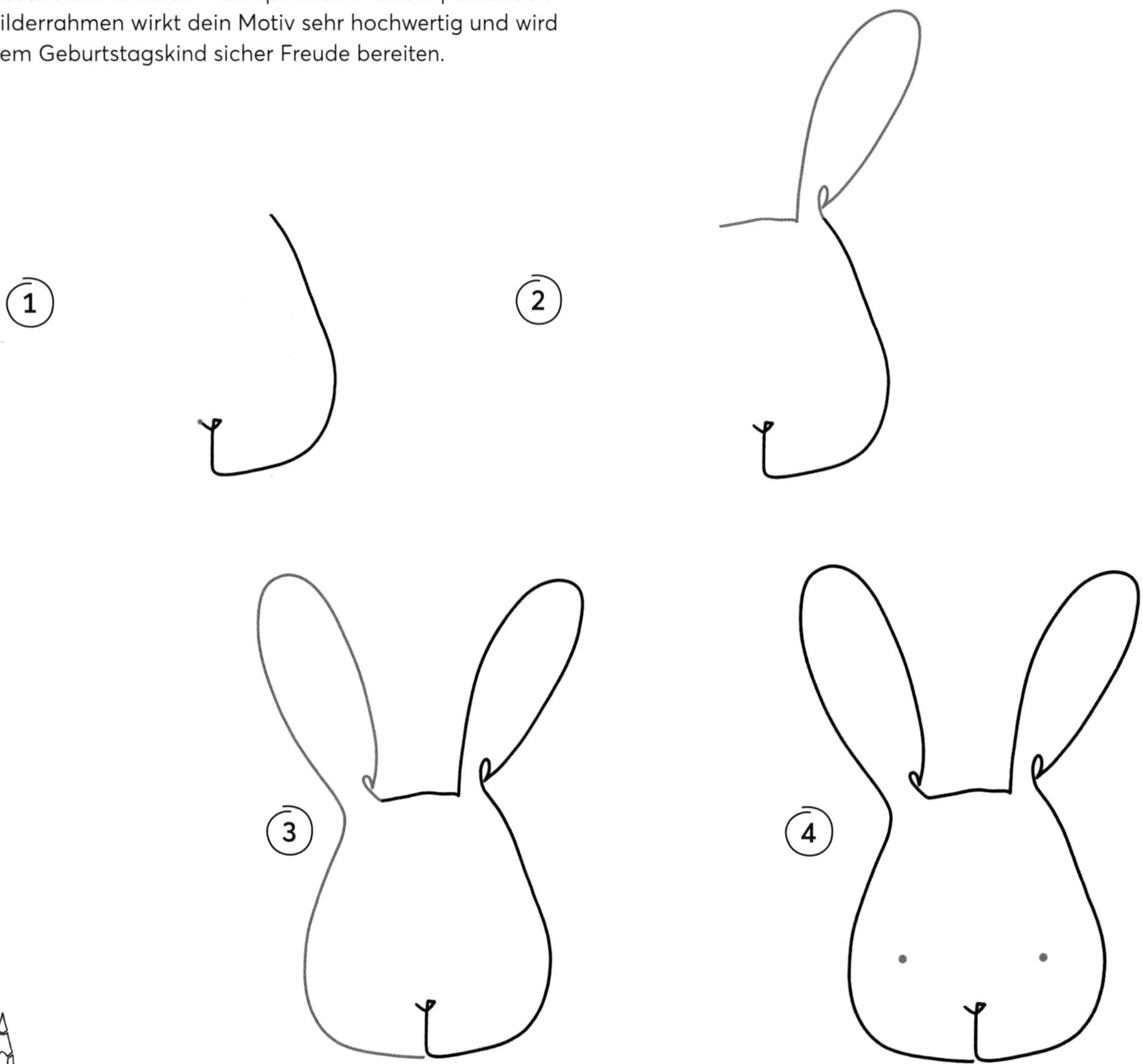

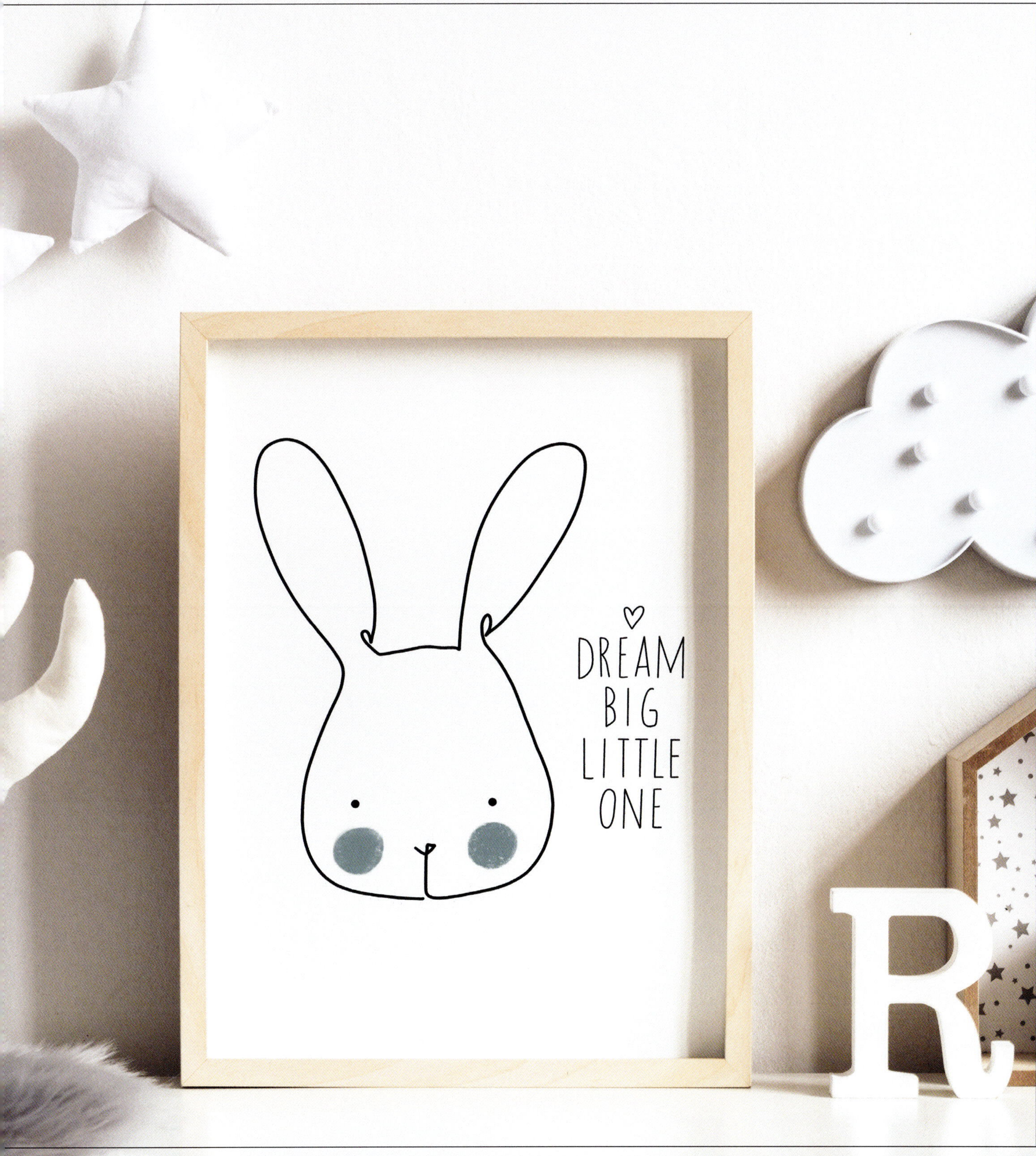
DREAM
BIG
LITTLE
ONE

Valentinstag

Jedes Jahr am 14. Februar schenken sich Liebende Blumen, Pralinen oder andere kleine Aufmerksamkeiten. Schon im 18. Jahrhundert fingen in England Paare damit an, sich liebevolle Grußbotschaften, die „Valentines“, zu schicken. Ein schöner Brauch, denn je mehr Freude geschenkt wird, desto besser für alle!

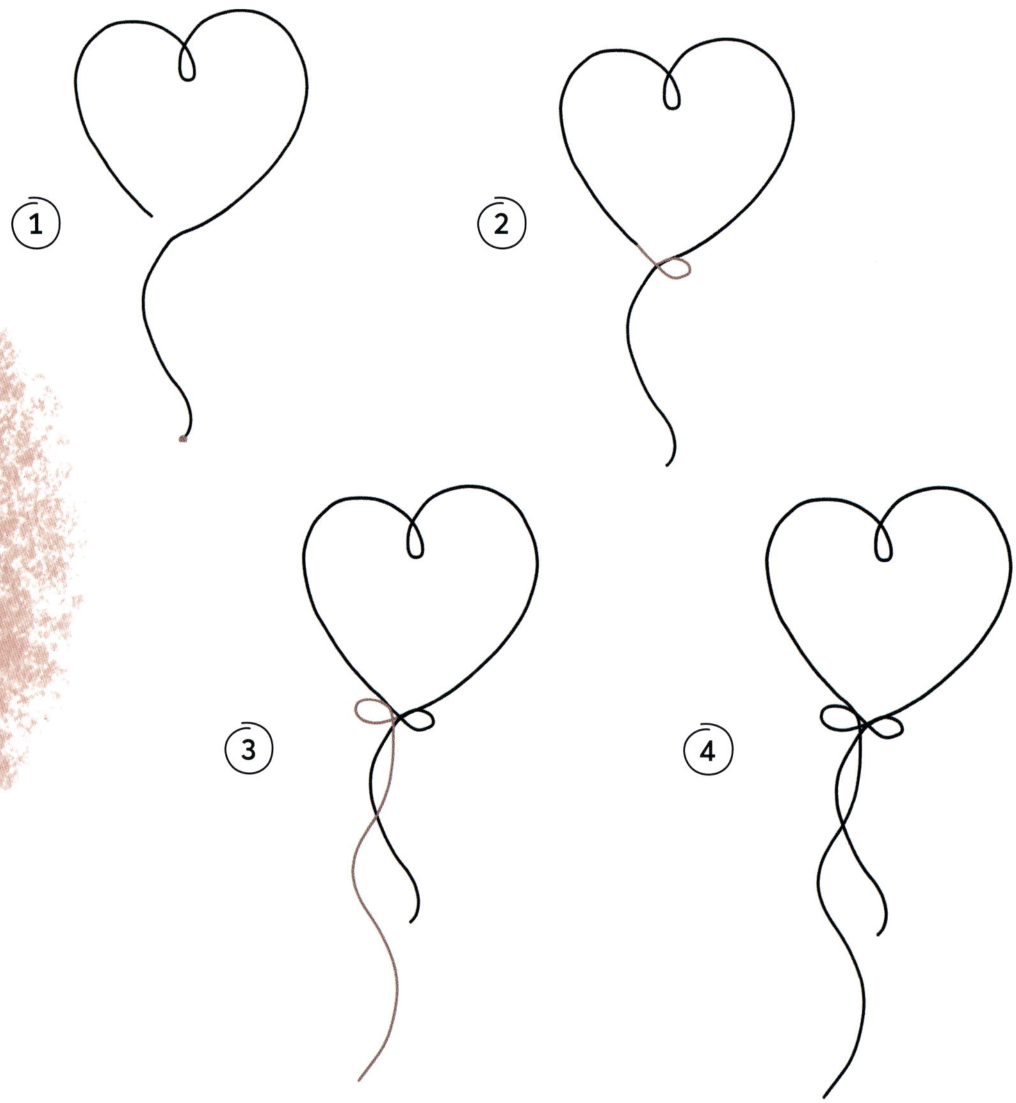

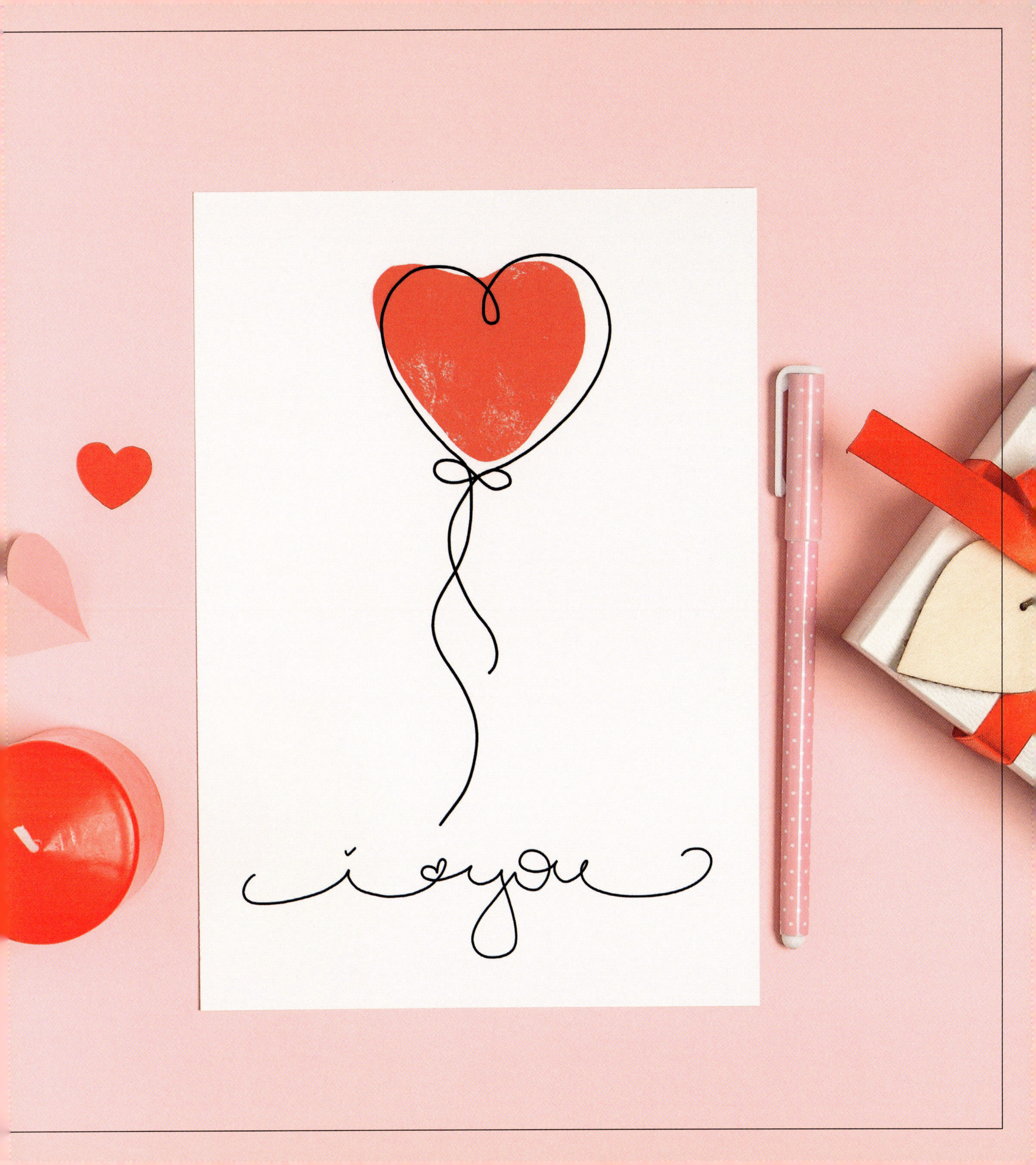
i ♥ you

Ostern

Ostern – das sind für mich wunderbare Kindheitserinnerungen an ein Fest mit der ganzen, großen Familie. Die Suche nach bunten Eiern im Garten und der Duft von köstlichem Gebäck. Das Reinbeißen in den Schokohasen und das Kitzeln der Frühlingsluft in der Nase.

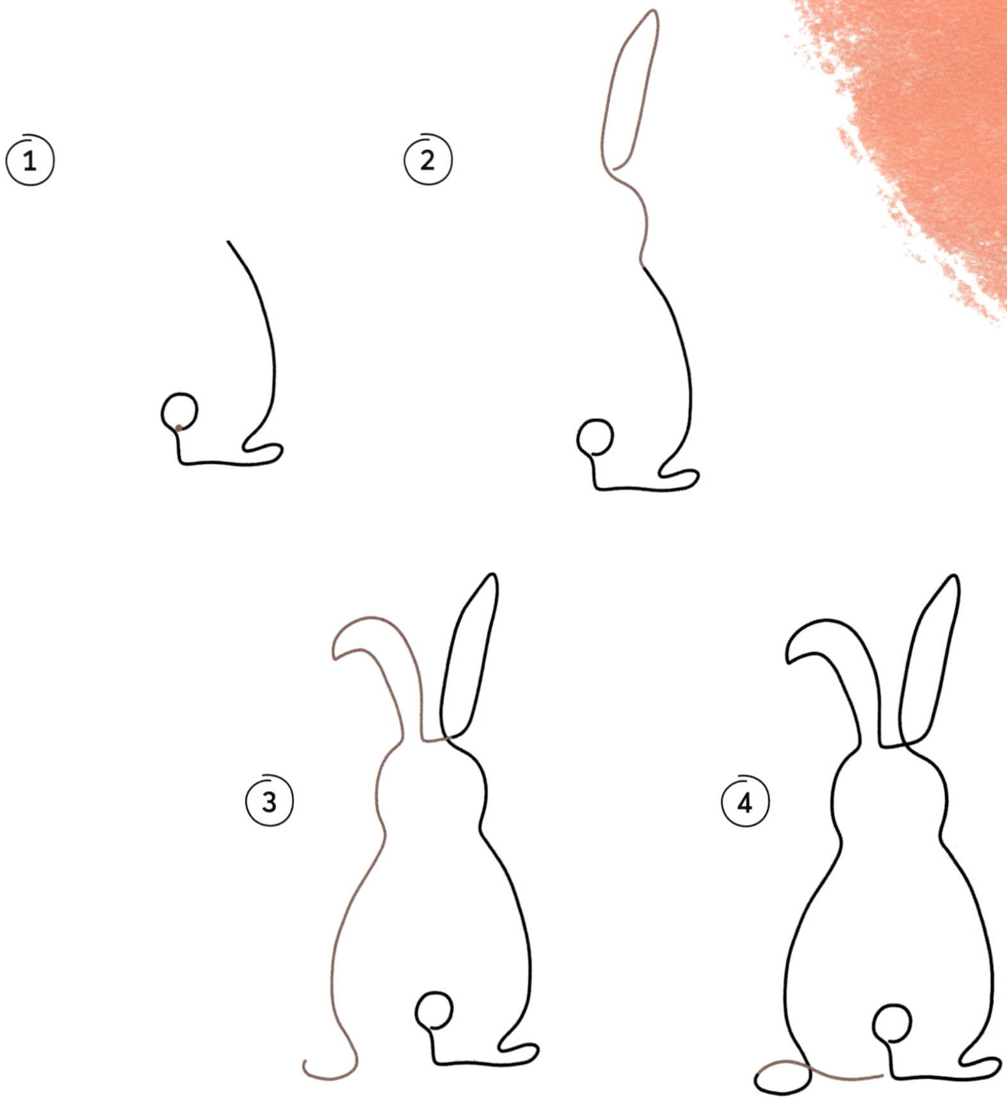

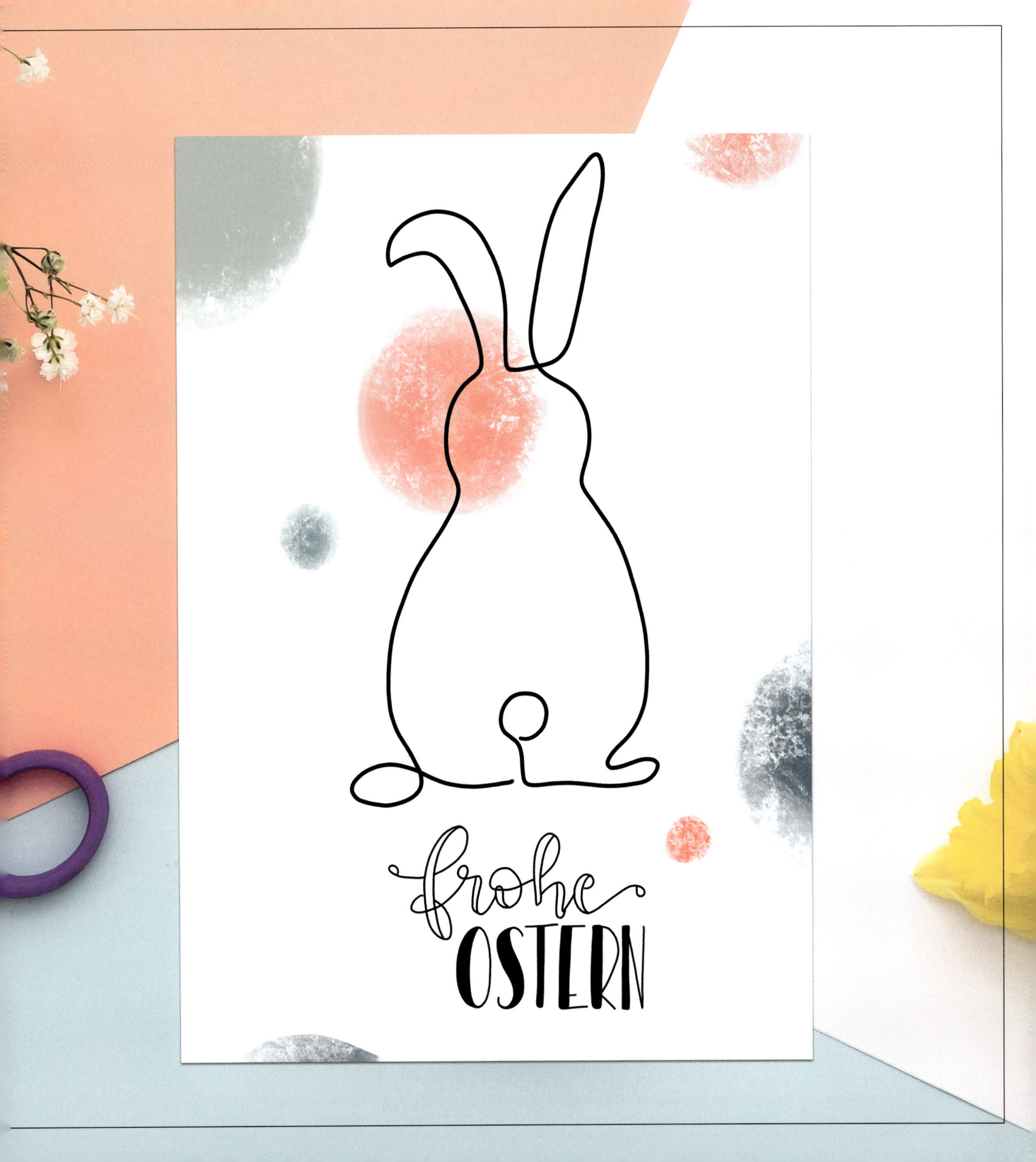
frohe
OSTERN

Muttertag

Mütter – was tun sie nicht alles für uns! Schon 1914 setzte die US-amerikanische Frauenrechtlerin Anna Jarvis in den USA die Einführung eines offiziellen Feiertags zu Ehren der Mütter durch.

Kombiniere den hübschen Schmetterling mit Watercolor-Blüten und einem liebevollen Spruch – schon hast du das perfekte Muttertagsgeschenk.

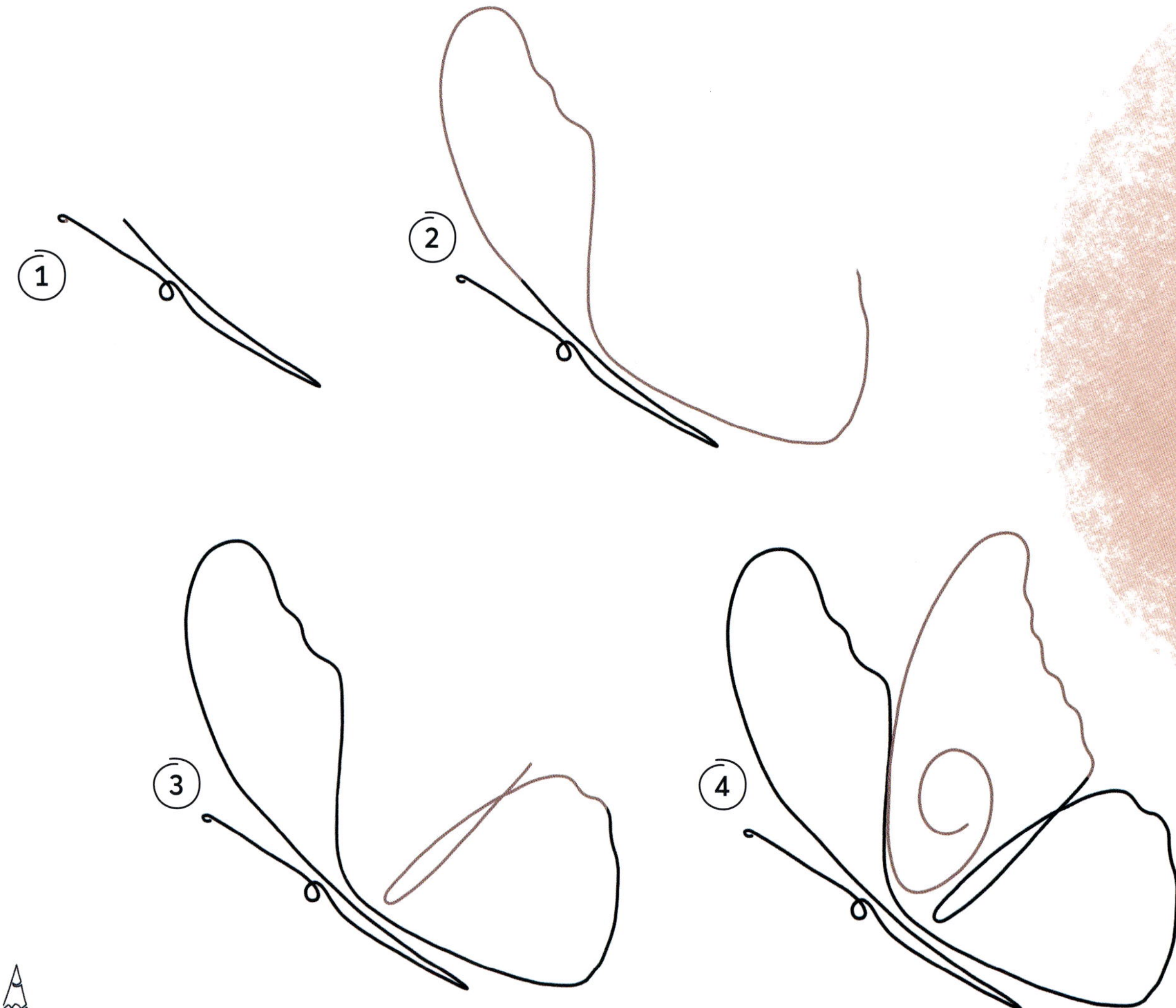

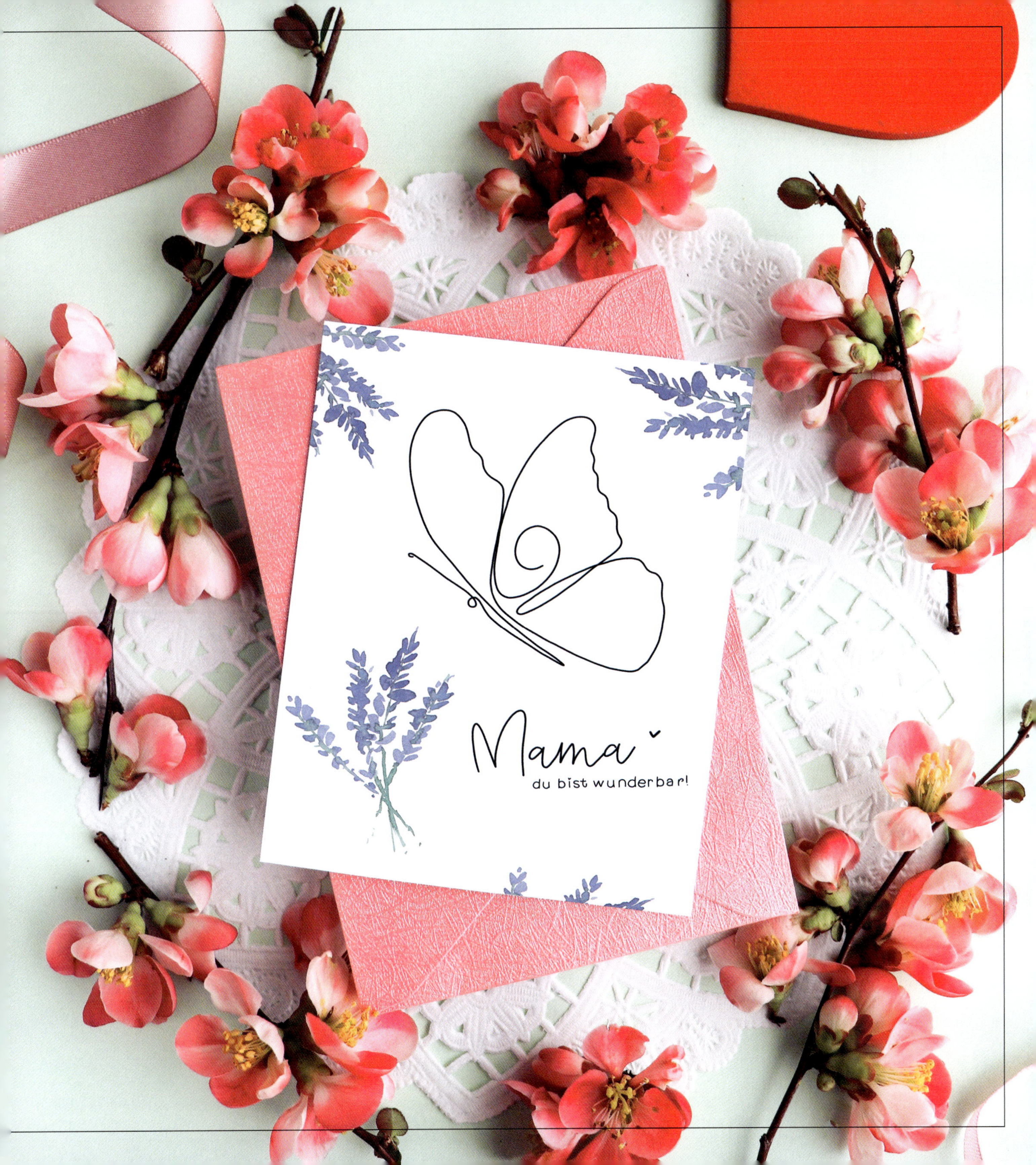
Mama
du bist wunderbar!

Vatertag

Der Vatertag wird bei uns jedes Jahr an Christi Himmelfahrt, also 39 Tage nach dem Ostersonntag gefeiert. Oft bleiben die Männer unter sich und vergnügen sich bei einem Ausflug und Umtrunk in der Natur.
Über eine nette Vatertagskarte freut sich sicher jeder Papa.

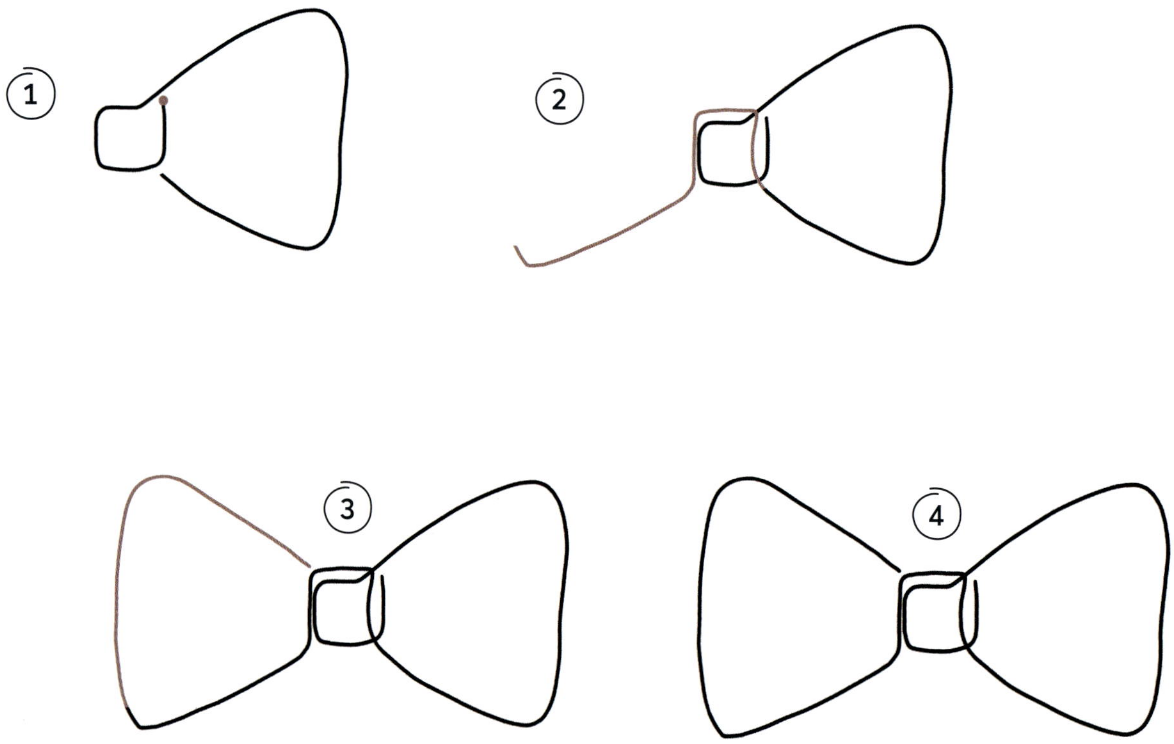

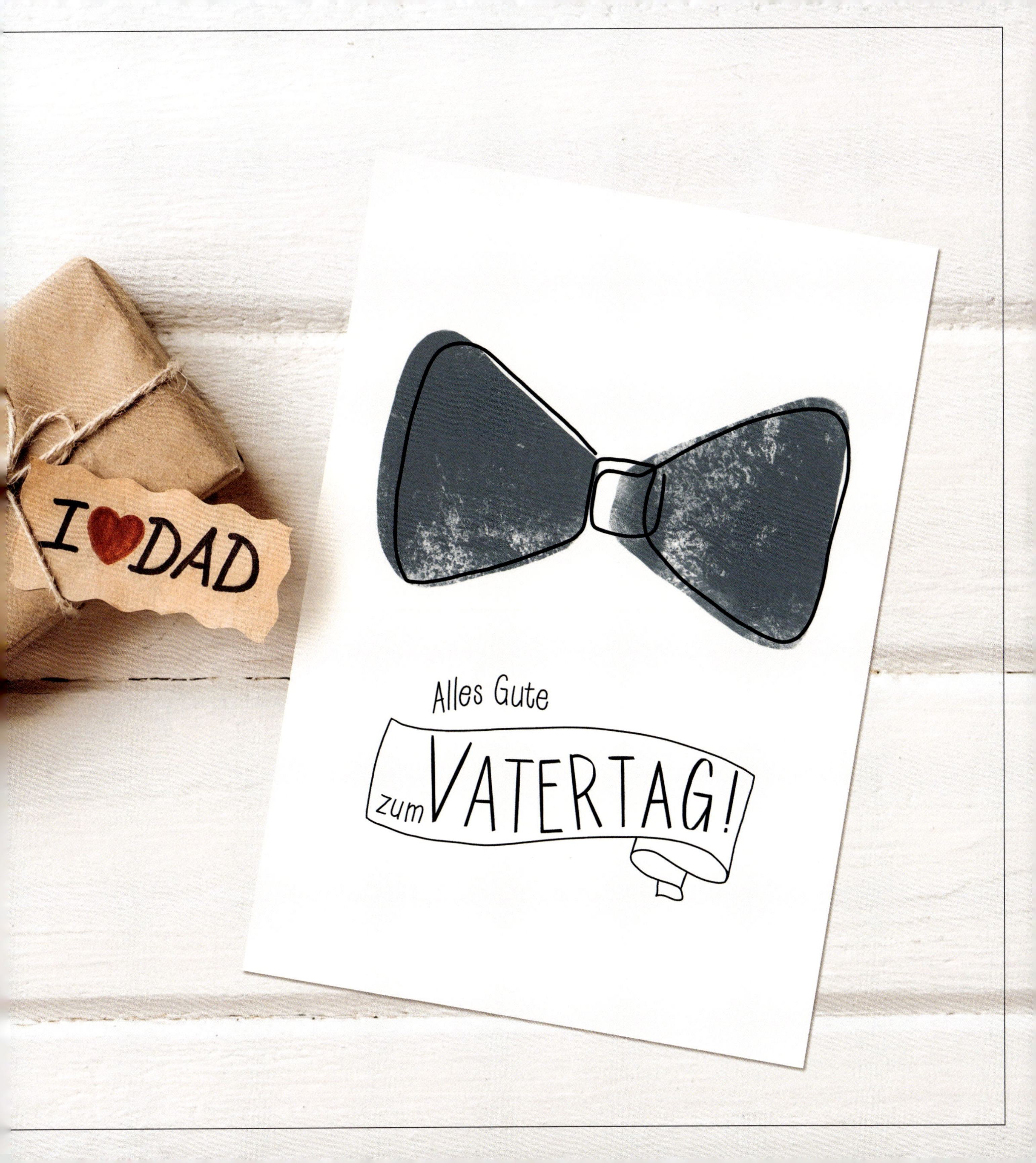
I ♥ DAD
Alles Gute
zum VATERTAG!

Winter Wonderland

Im Winter machen wir es uns zuhause gern richtig gemütlich. Kuscheln uns ein mit warmen Socken, Kerzen und Tee.

Genau die richtige Zeit, um kreativ zu werden und eine stimmungsvolle One-Line-Winterlandschaft zu kreieren.

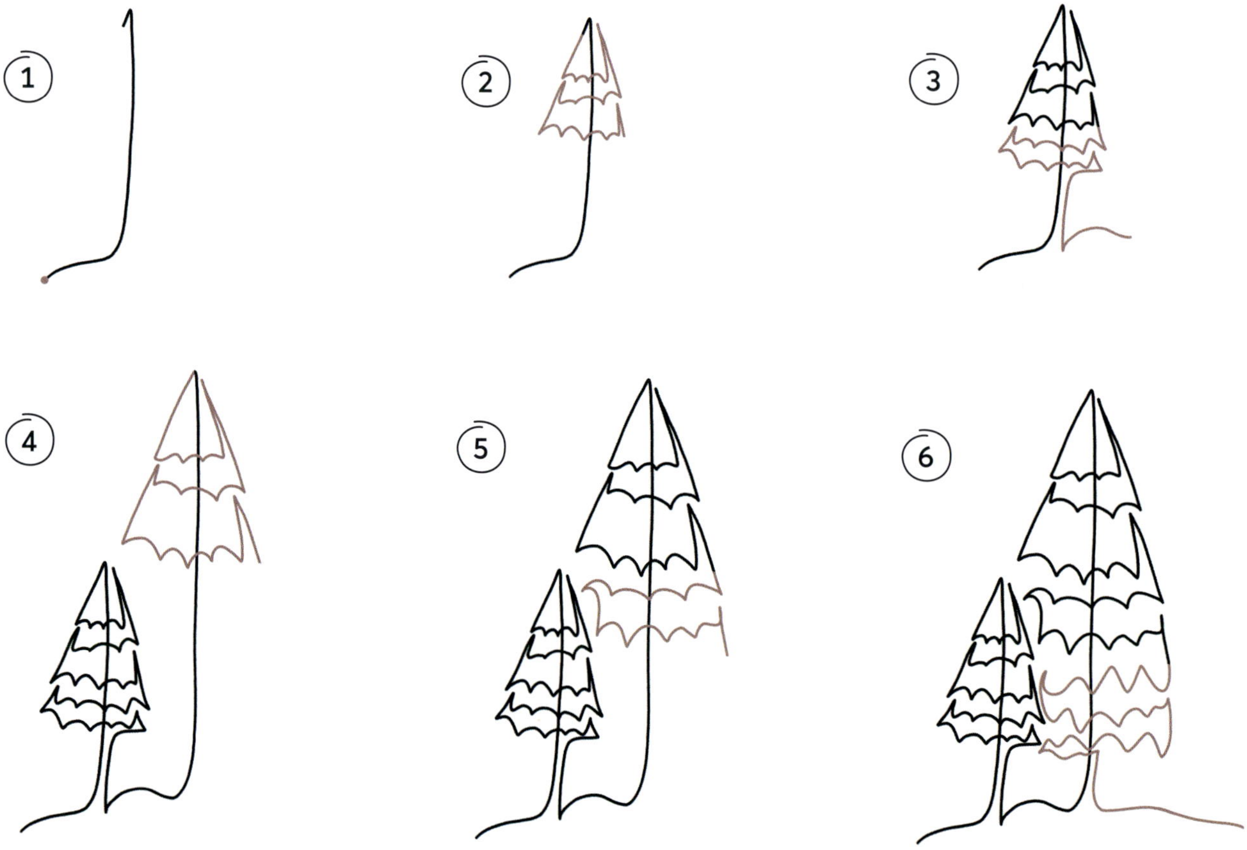

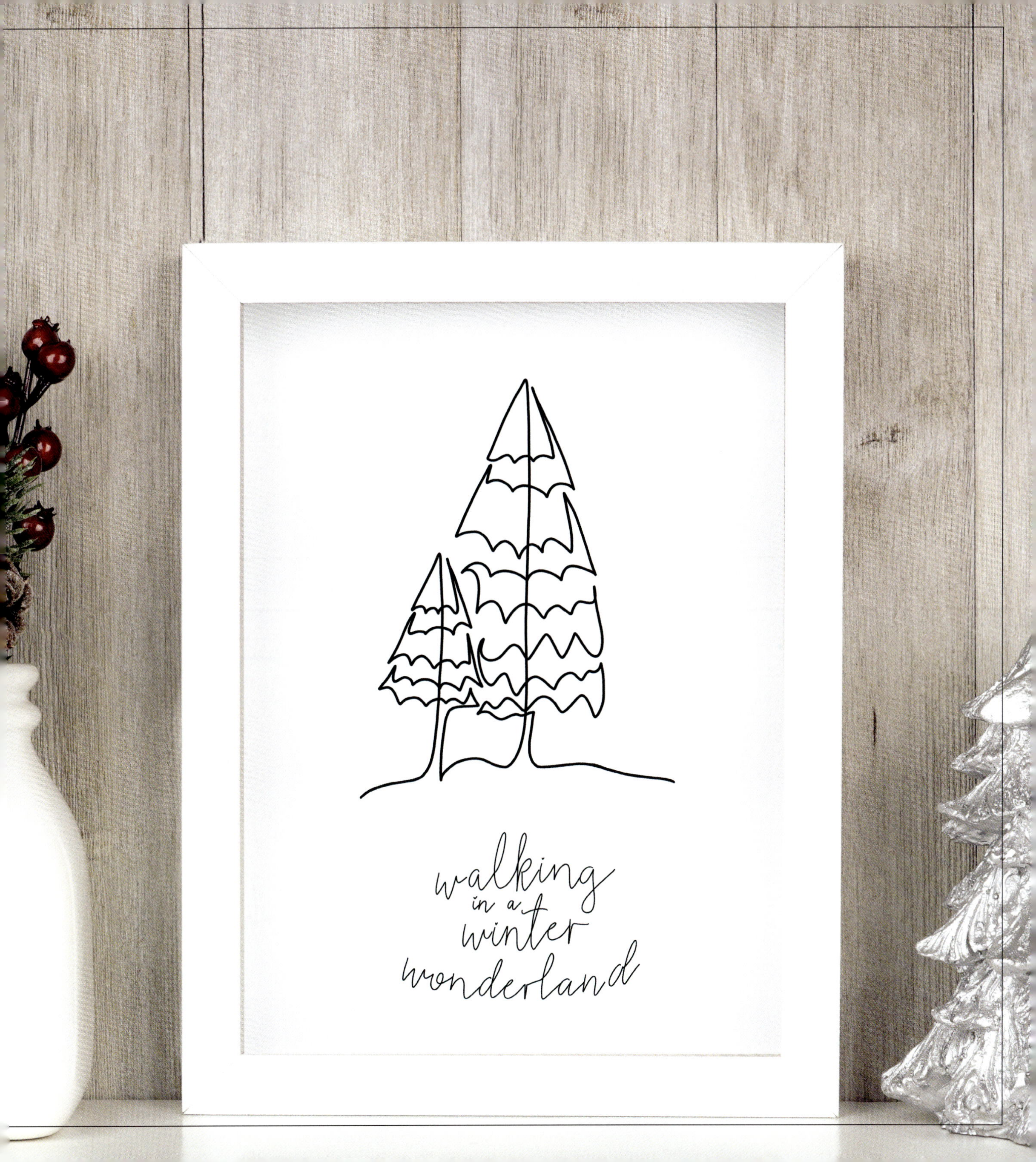
walking
in a
winter
wonderland

Grüße zur Weihnachtszeit

Grüße und Wünsche zur Weihnachtszeit lassen sich ganz wunderbar mit One Line Art kombinieren. So erhält deine selbst gestaltete Karte einen ganz besonderen Look und rundet zudem jedes Weihnachtsgeschenk ab.

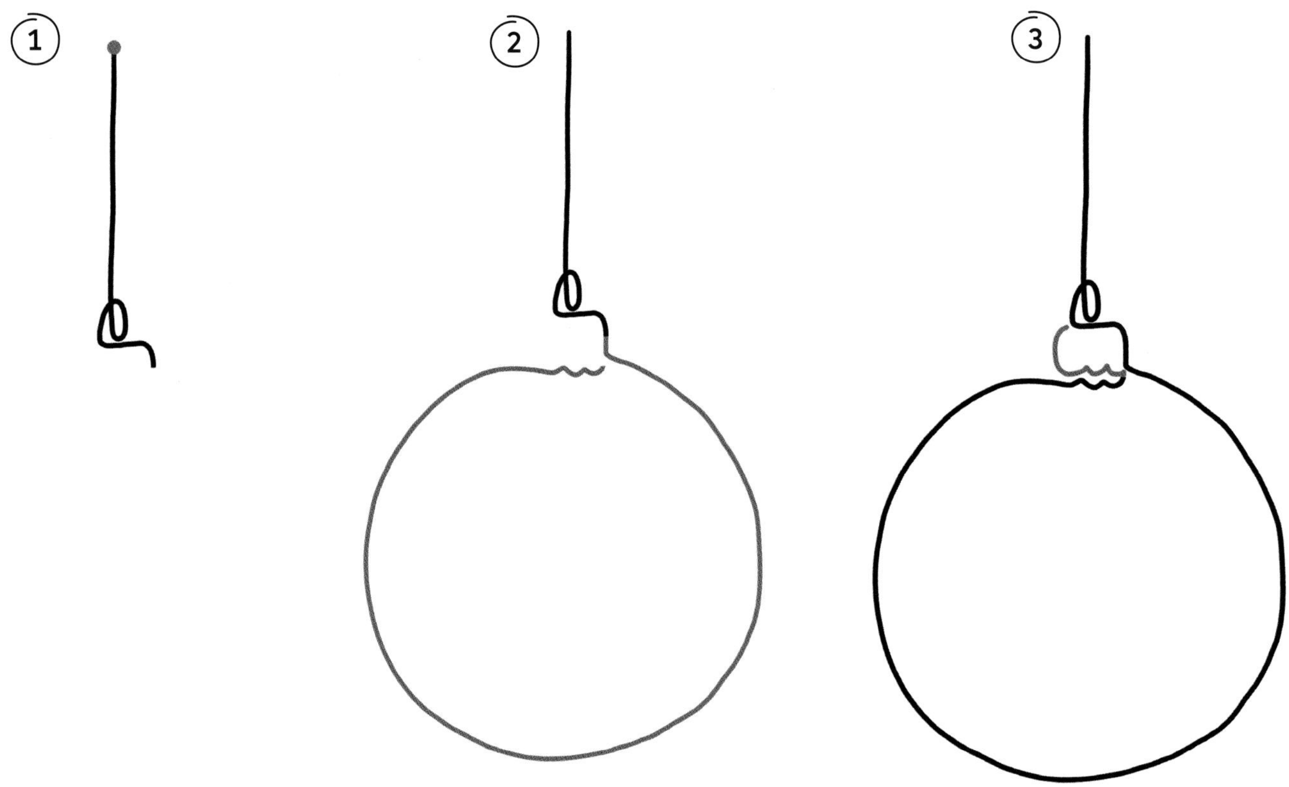

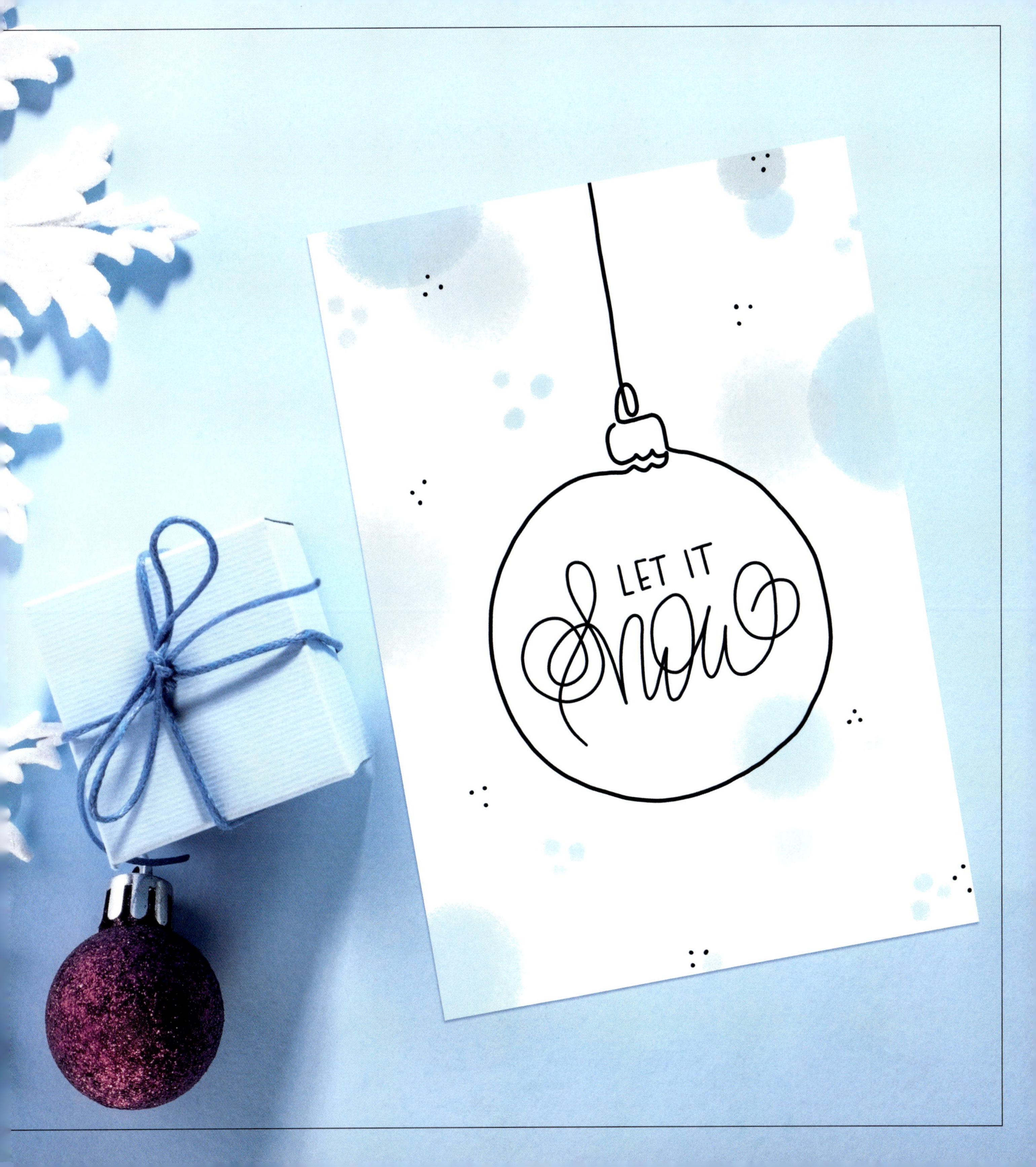

LET IT
Snow

Advent, Advent

Die vorweihnachtliche Adventszeit gilt für viele Menschen als die besinnlichste Zeit im Jahr. Wir bummeln über Weihnachtmärkte und schmücken unsere Häuser mit bunten Lichtern. Wir backen Plätzchen und treffen uns mit unseren Liebsten. Die richtige Zeit auch, um kreativ zu werden!

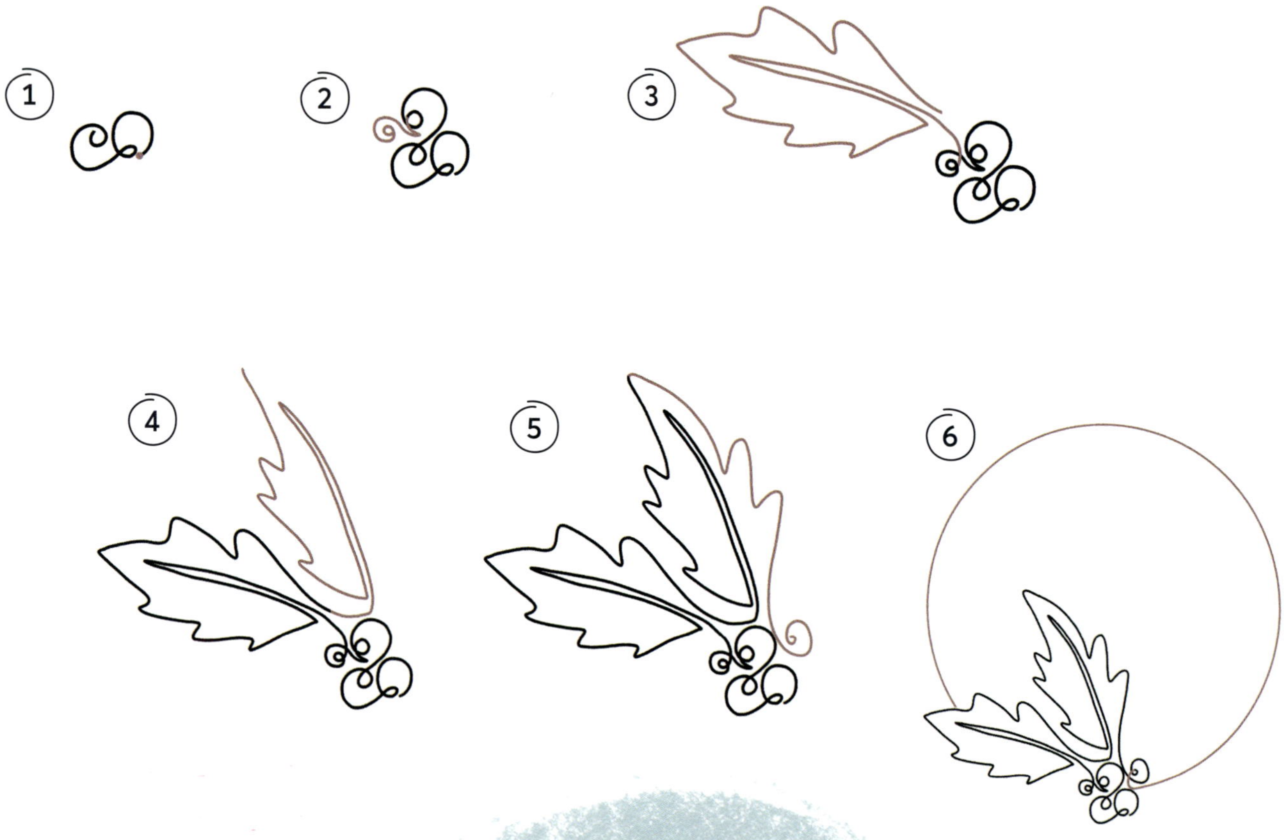

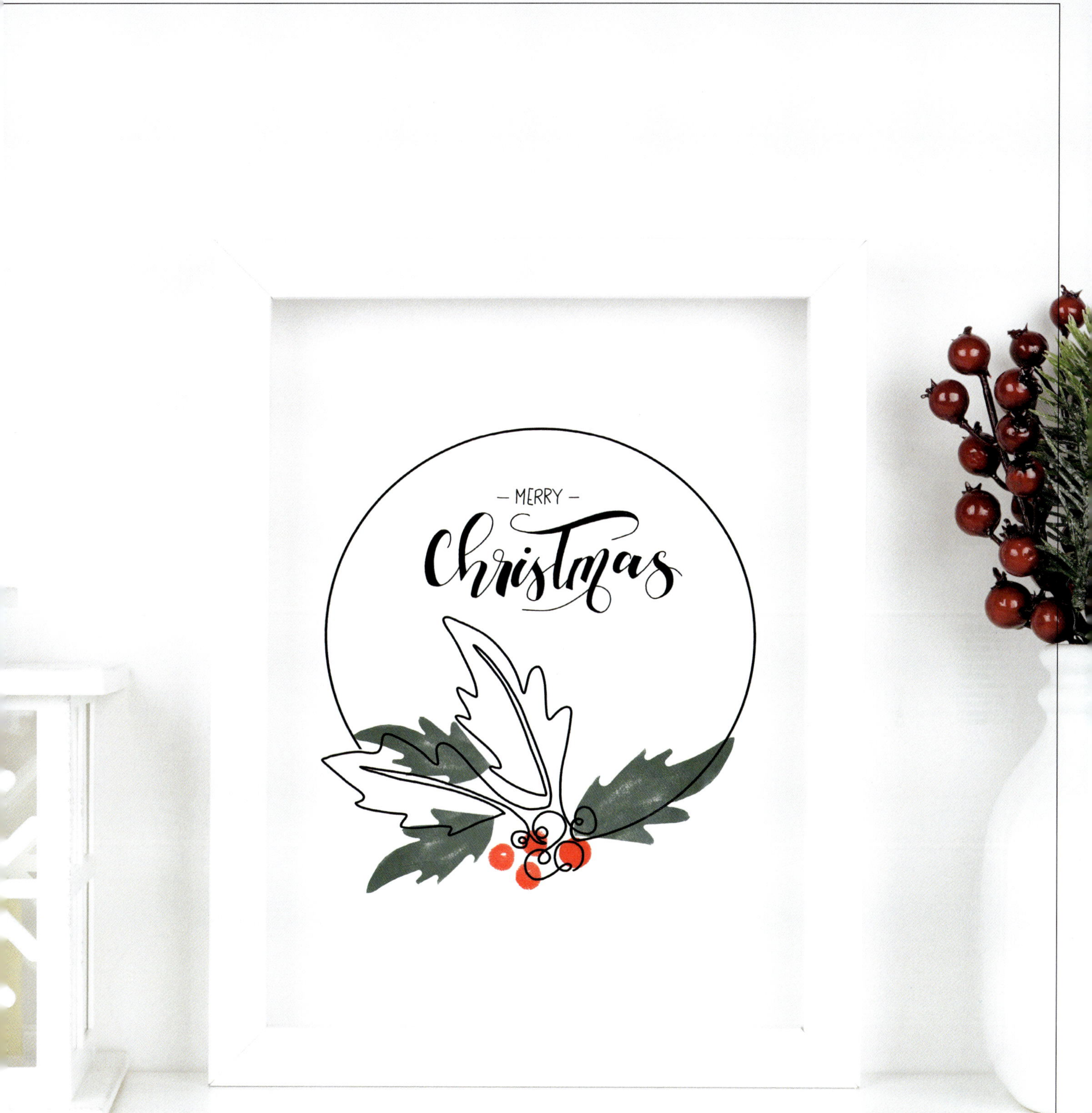
MERRY
Christmas

Hauptsache Hirsch

Neben dem Rentier ist jetzt auch der mächtige Herrscher unserer Wälder ein beliebtes Motiv zur Weihnachtszeit geworden. Frei nach dem Motto: Hauptsache Hirsch beansprucht er jetzt seinen Platz auf Kissen, als Wandhaken oder als glitzernde Figur auf dem Tisch. Besonders schön macht er sich auch auf einer Karte oder als Bild an der Wand.

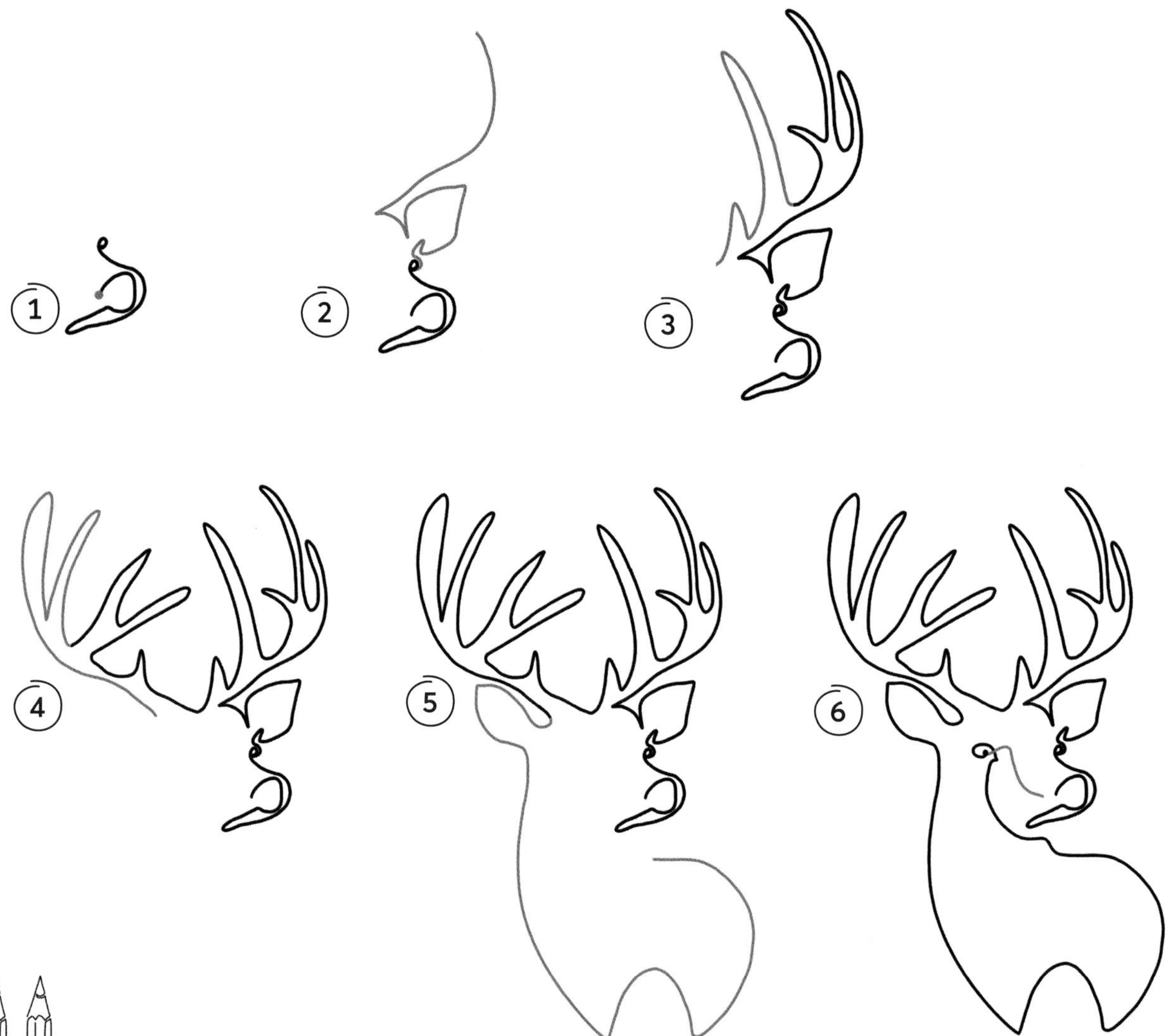

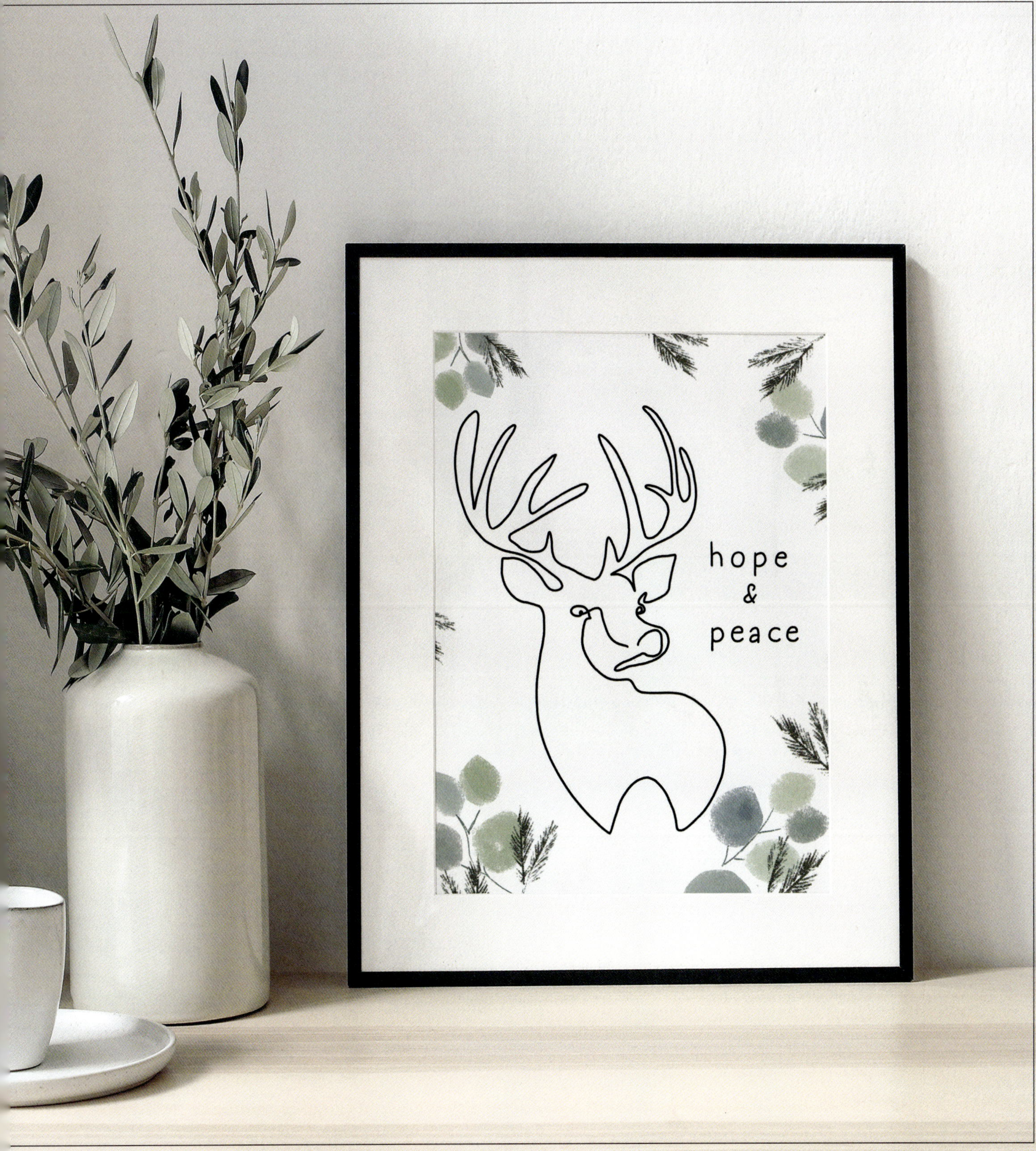
hope
&
peace

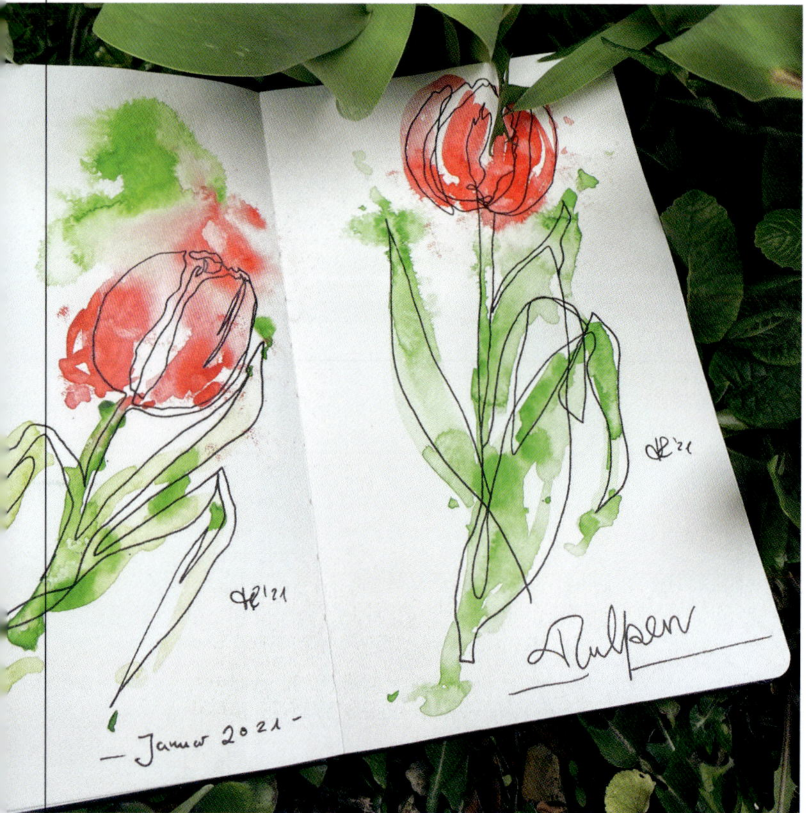

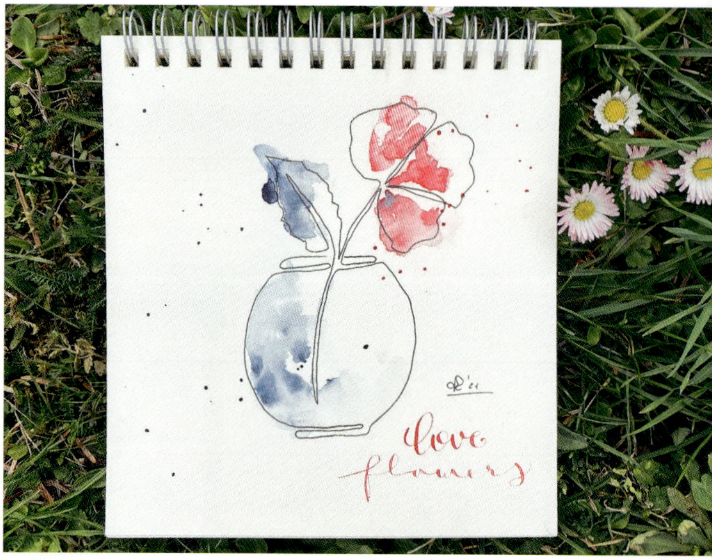

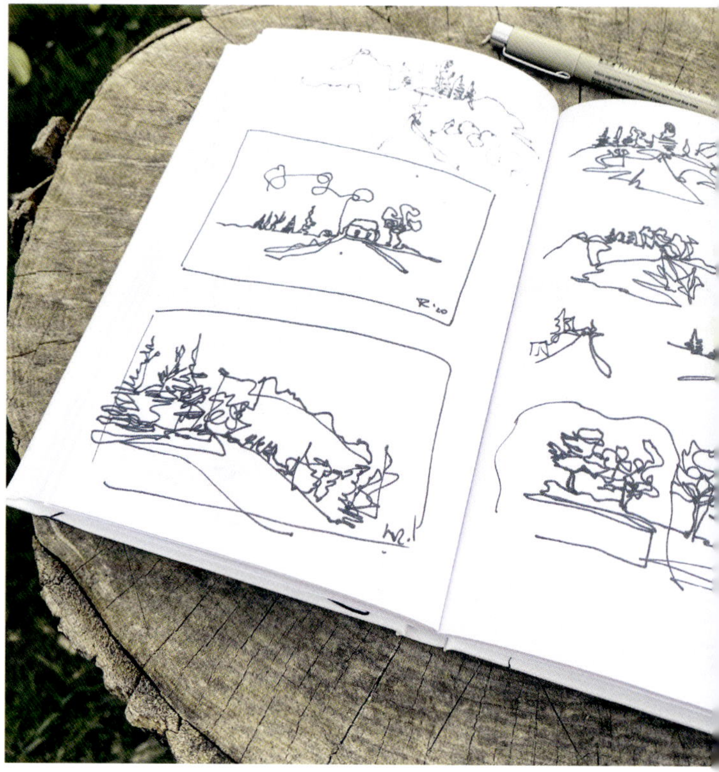

Skizzenbuch

DEINE UMGEBUNG NEU WAHRNEHMEN

Auf meinen Spaziergängen in der Natur habe ich mein Skizzenbuch immer dabei. Und oft nehme ich es für einige ruhige Minuten einfach mit in den Garten. Beim Zeichnen draußen erlebst du nämlich einen vollkommen anderen kreativen Prozess. Dein Gehirn nimmt Situationen mit all ihren Facetten wie Klänge und Düfte wahr und prägt sie sich ein. Später, beim Ausarbeiten des Motivs, erinnerst du dich an deine Wahrnehmung beim Skizzieren. Dein Wissen erschließt sich ganz von selbst. Ohne dich an anderen Künstlern und ihren Bildern zu orientieren, lernst du beim Skizzieren, selbst genau hinzuschauen und das Motiv zu verstehen.

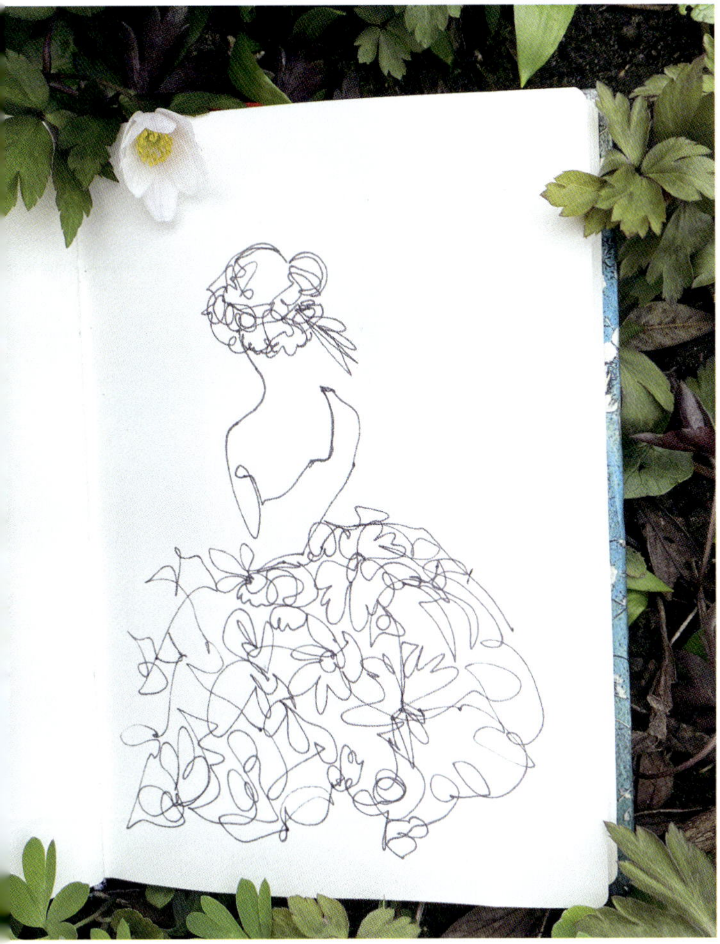

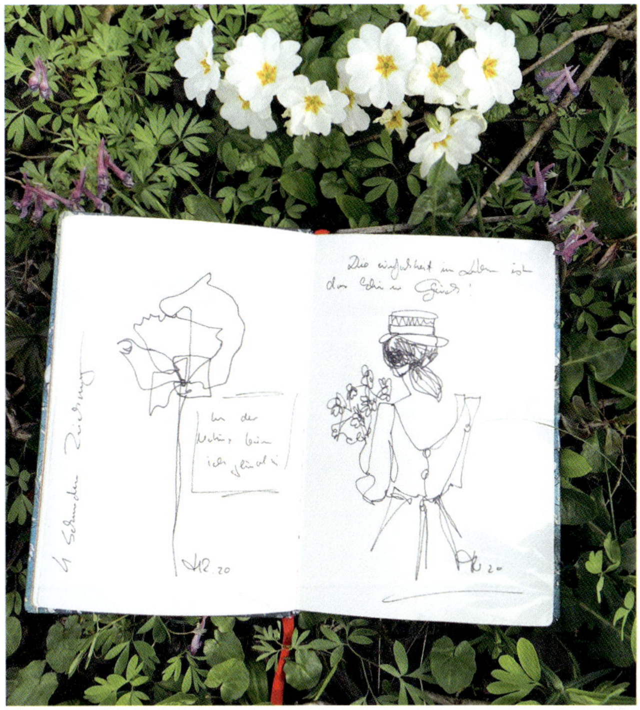

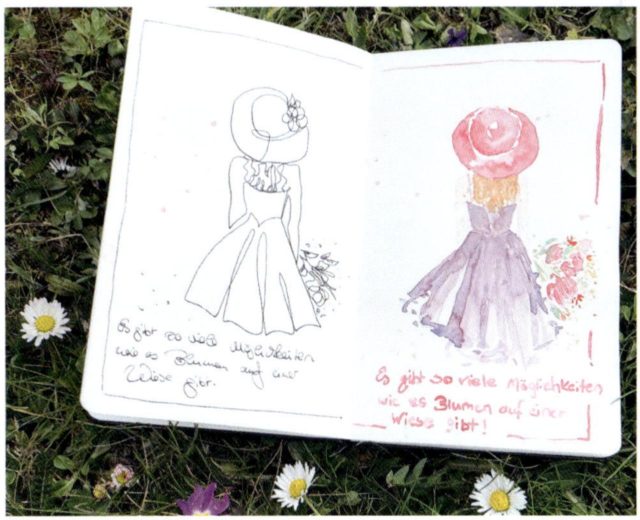

MIT EINEM SKIZZENBUCH GOLDRICHTIG

Mit Hilfe des Skizzenbuchs erweiterst du deinen Blickwinkel auf die Welt. Es ist dein Moment, den du hier erlebst und schließlich abspeicherst, wie in einer Art Tagebuch. Deshalb ist ein Skizzenbuch auch etwas sehr Persönliches – so sehe ich das zumindest. Deshalb entscheide ich ganz bewusst, ob und welche Seiten ich mit anderen Menschen teile. In deinem Skizzenbuch zeichnest du nur für dich selbst. Nach deiner ganz eigenen und individuellen Wahrnehmung und frei von jeder Bewertung. Hier geht es nicht um Perfektion. Dein Skizzenbuch ist ein Ort des Loslassens der Angst, Fehler zu machen. Fehler sind wichtig, damit du dich weiterentwickelst.

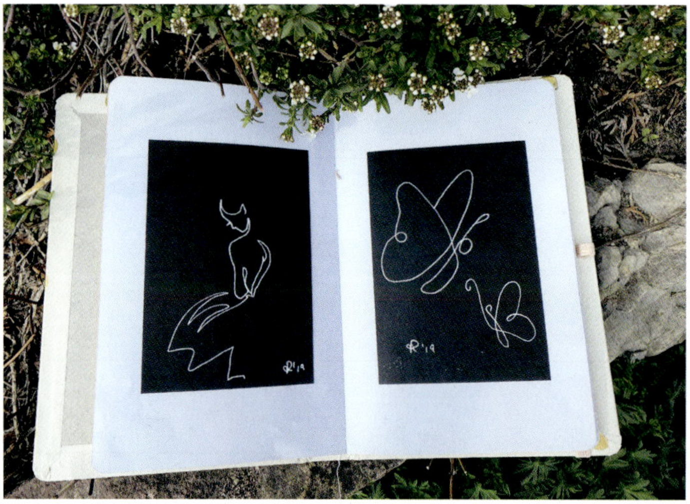

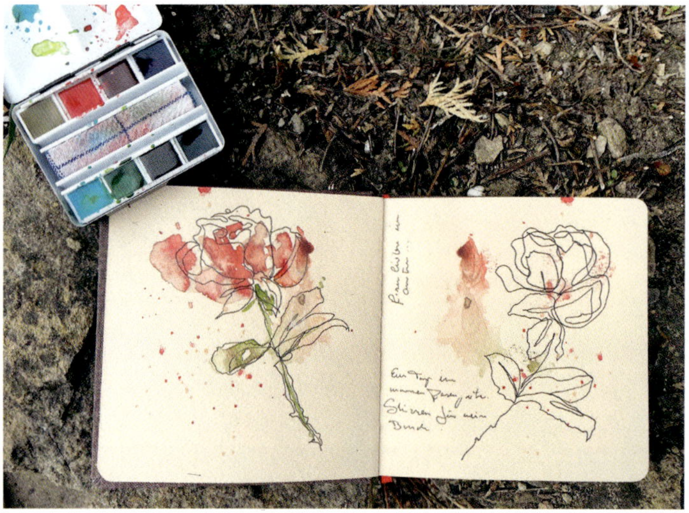

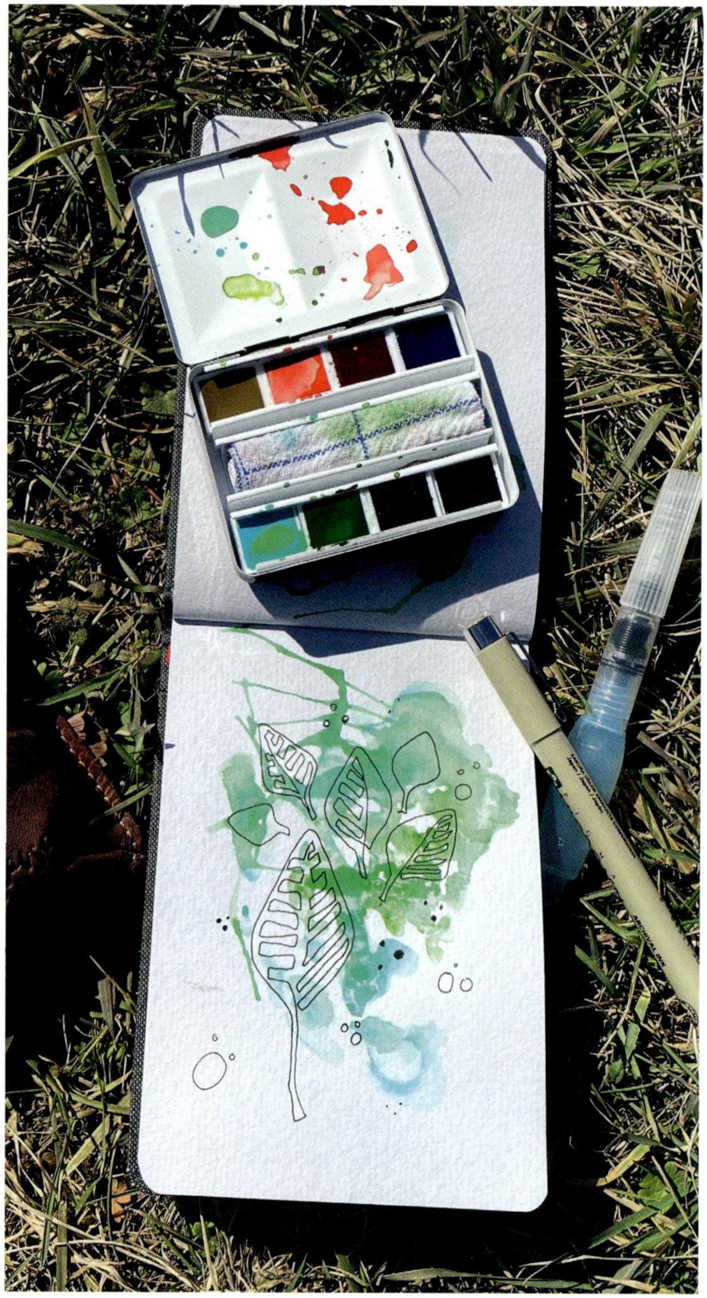

DEINE PERSÖNLICHE, KREATIVE AUSZEIT

Auch wenn du nur ein kleines Zeitfenster zur Verfügung hast – es reicht immer für eine rasche Linienzeichnung. Nimm einfach ein kleines Skizzenbuch mit, das in die Jackentasche passt und einen Stift. Vielleicht versuchst du, jeden Tag eine One-Line-Zeichnung in deinem Skizzenbuch festzuhalten. Widme dich in dieser Zeit voll und ganz deiner Linie. Du wirst merken, dass sich deine Beobachtungsgabe und Konzentration verbessern. Nicht zu vergessen: Dein Zeichenstil wird sich weiterentwickeln.

One Line Community

Auf meinem Instagramkanal **@Silberstolz** veröffentliche ich jeden Montag ein kreatives Tutorial zum Nach- und Mitmachen. Unter dem Hashtag #onelineartzeichenschule sammeln wir alle Beiträge, die dazu entstehen. Alle Teilnehmenden haben hier die Möglichkeit, ihre eigene Version zu gestalten und so zu ihrer eigenen Kreativität zu finden. Von all diesen tollen, individuellen Bildern möchte ich gern einige hier mit euch teilen. Fühlt euch inspiriert und schaut gerne mal vorbei.

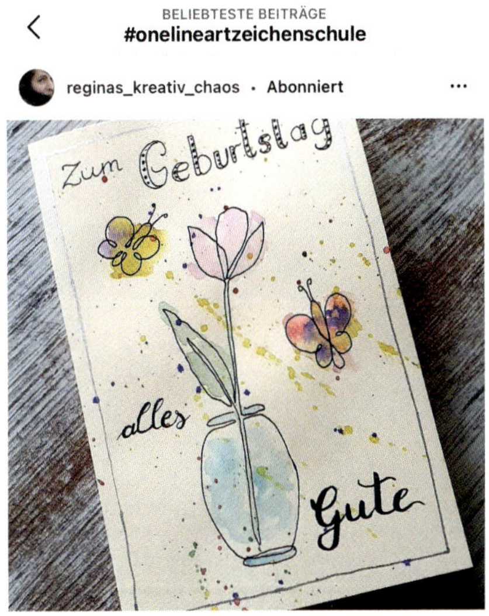

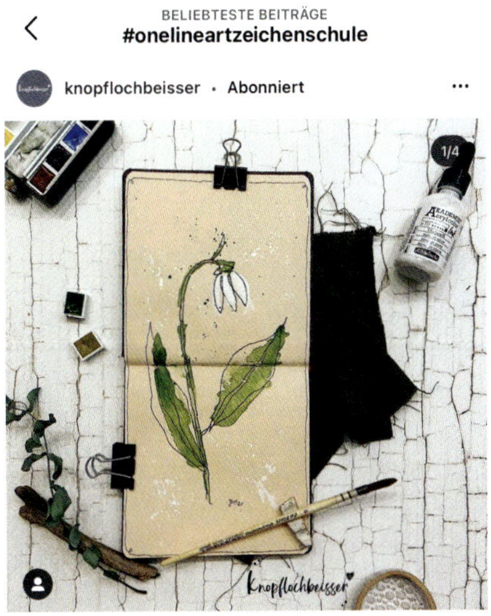

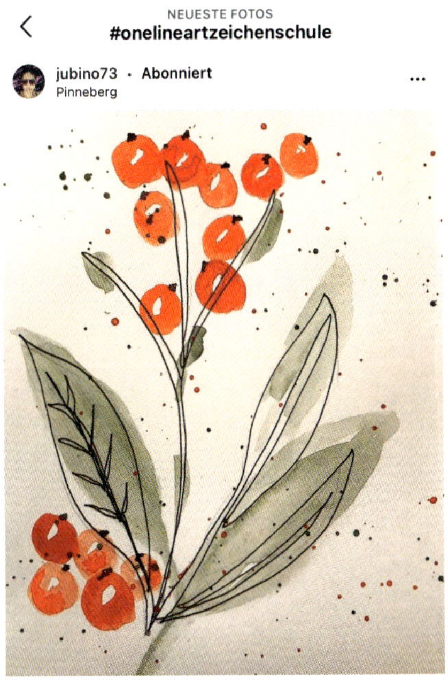

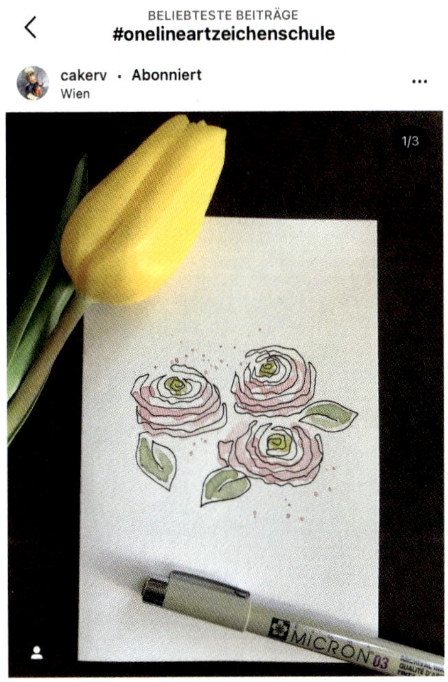

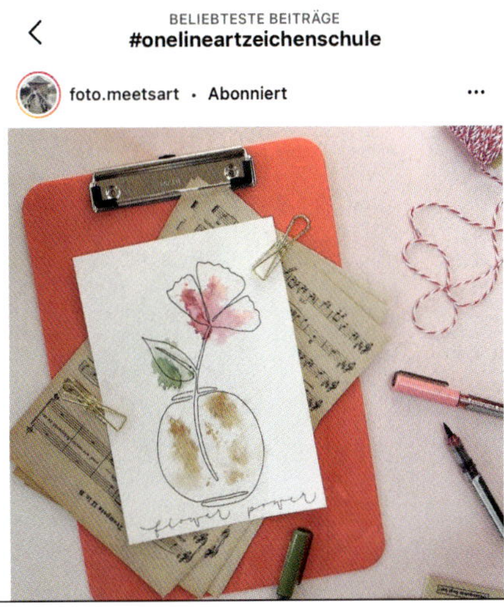

Bibliothek

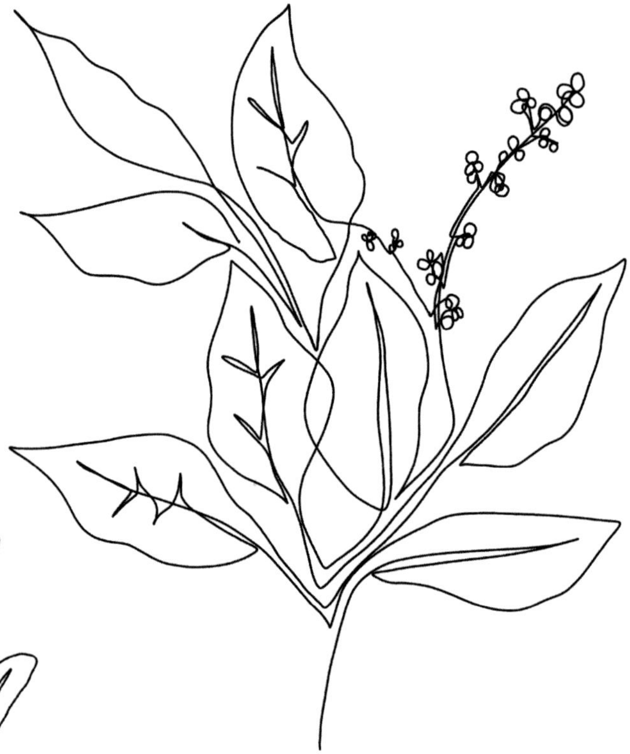

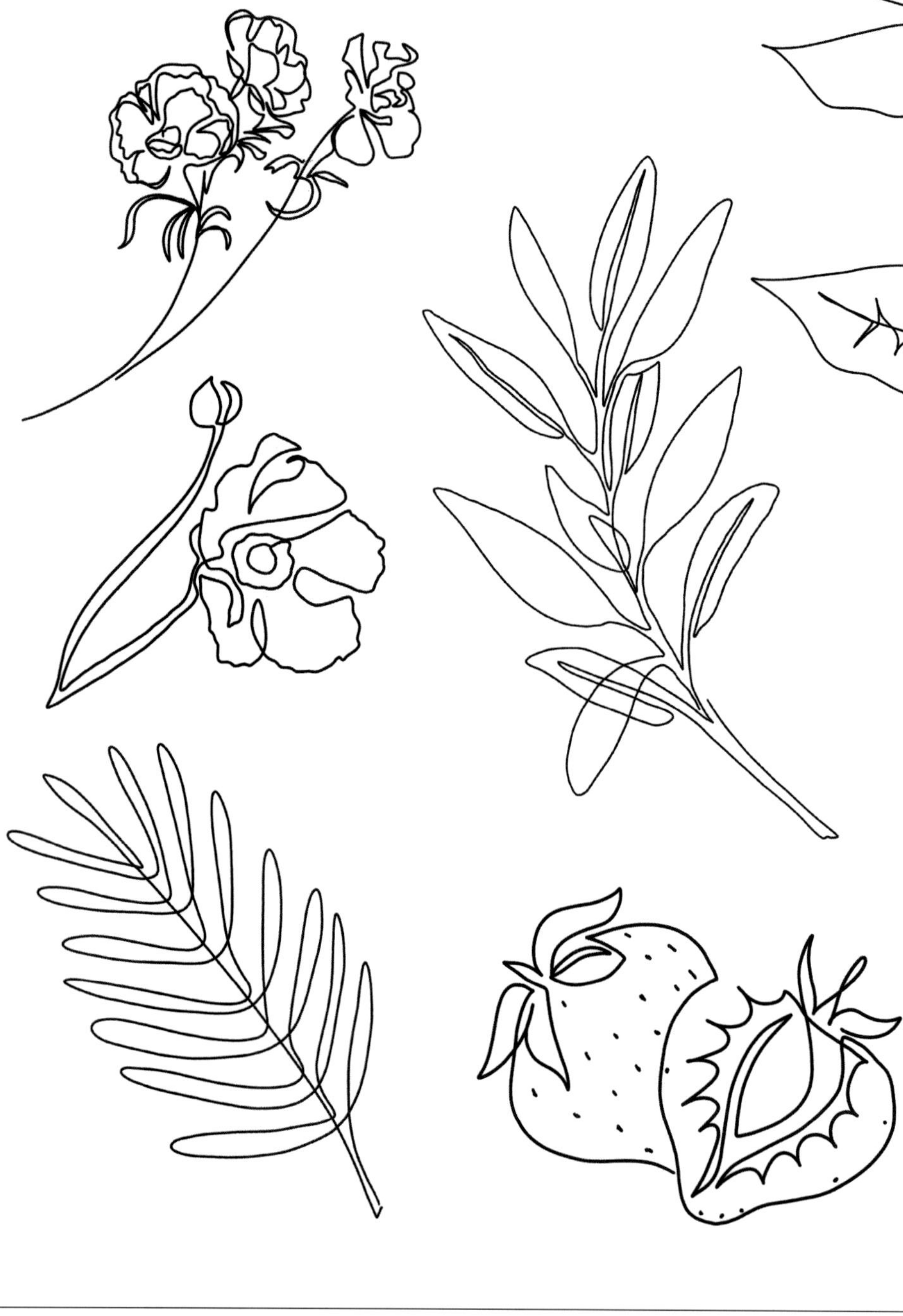

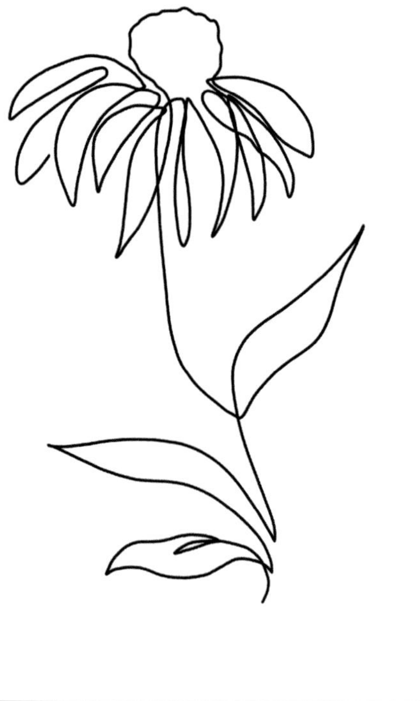

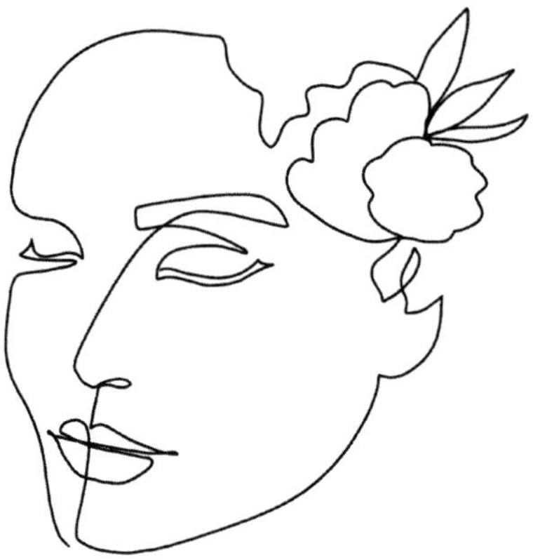
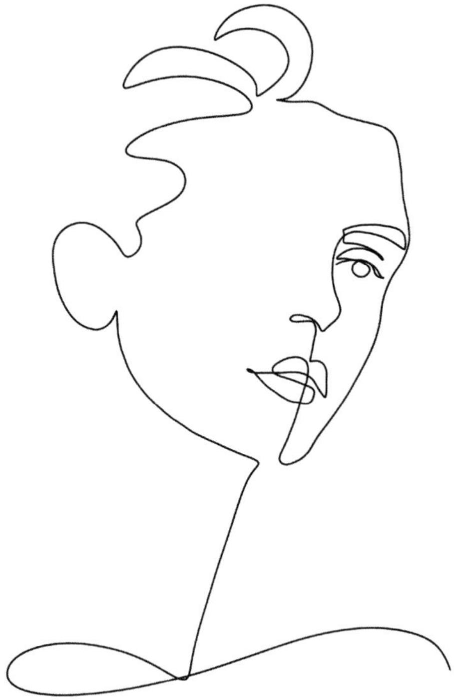
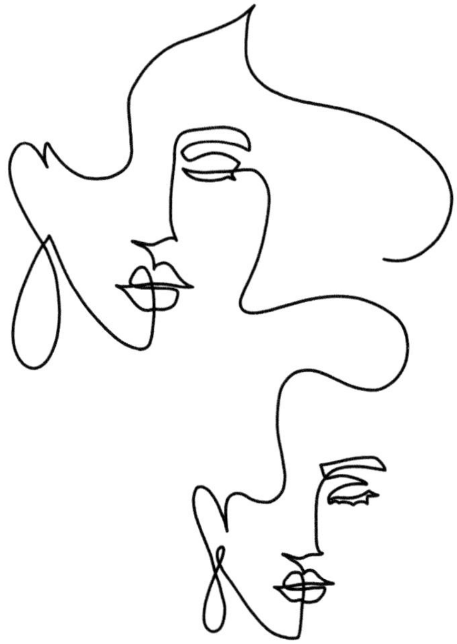
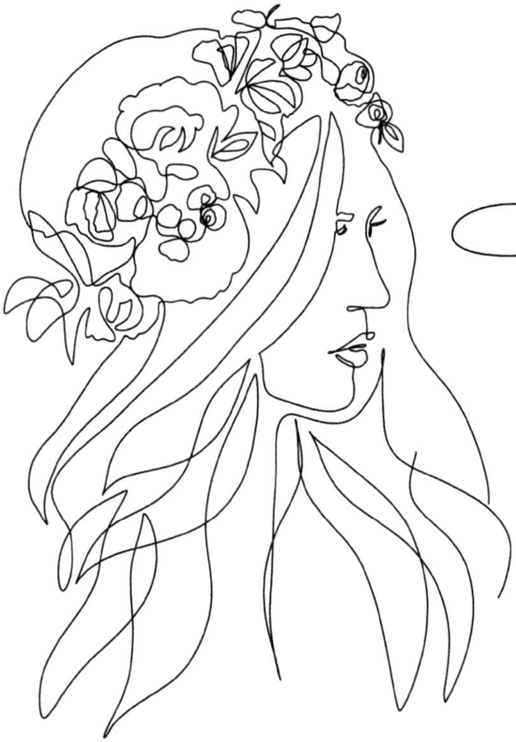
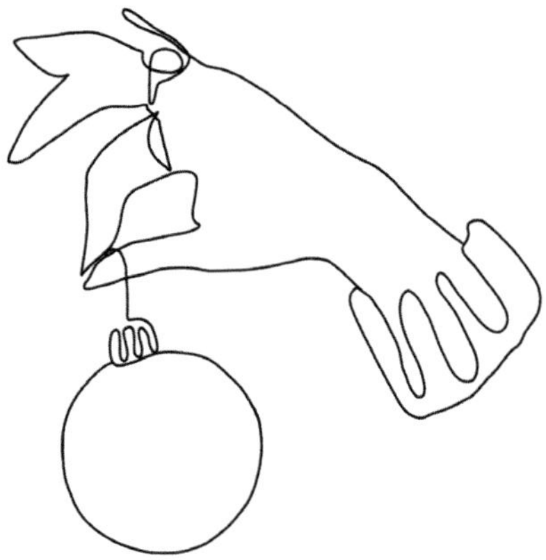
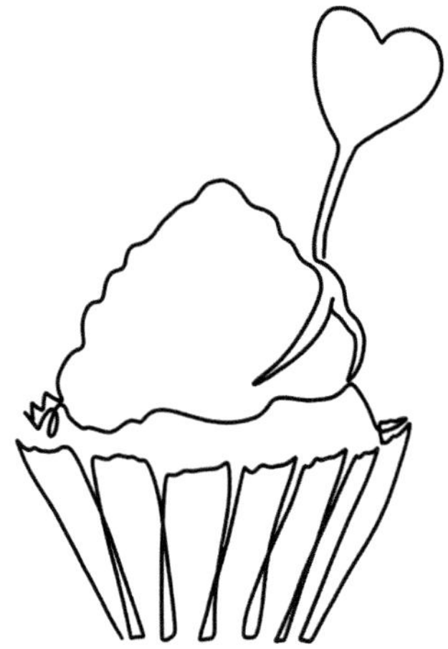
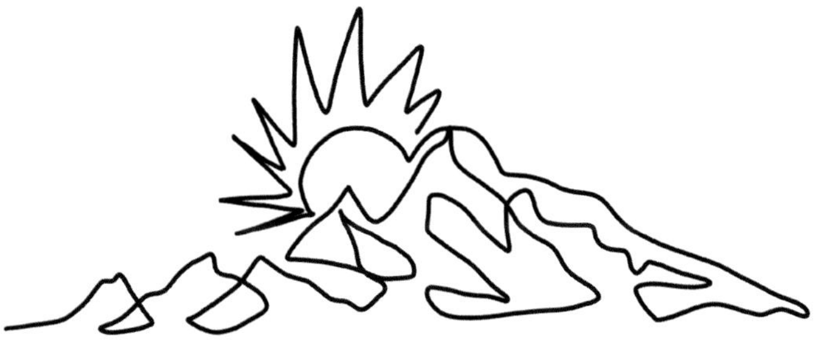
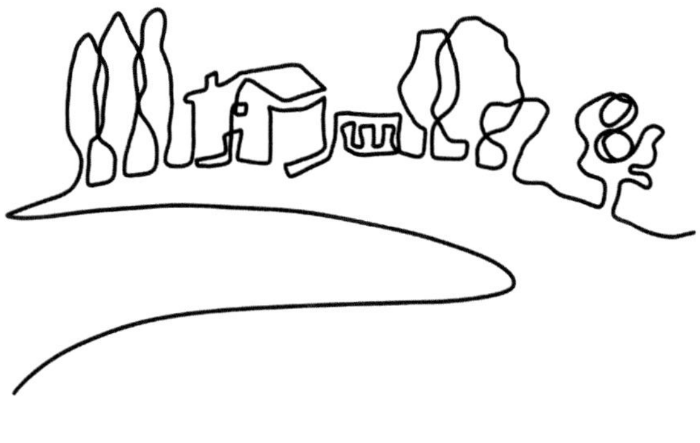

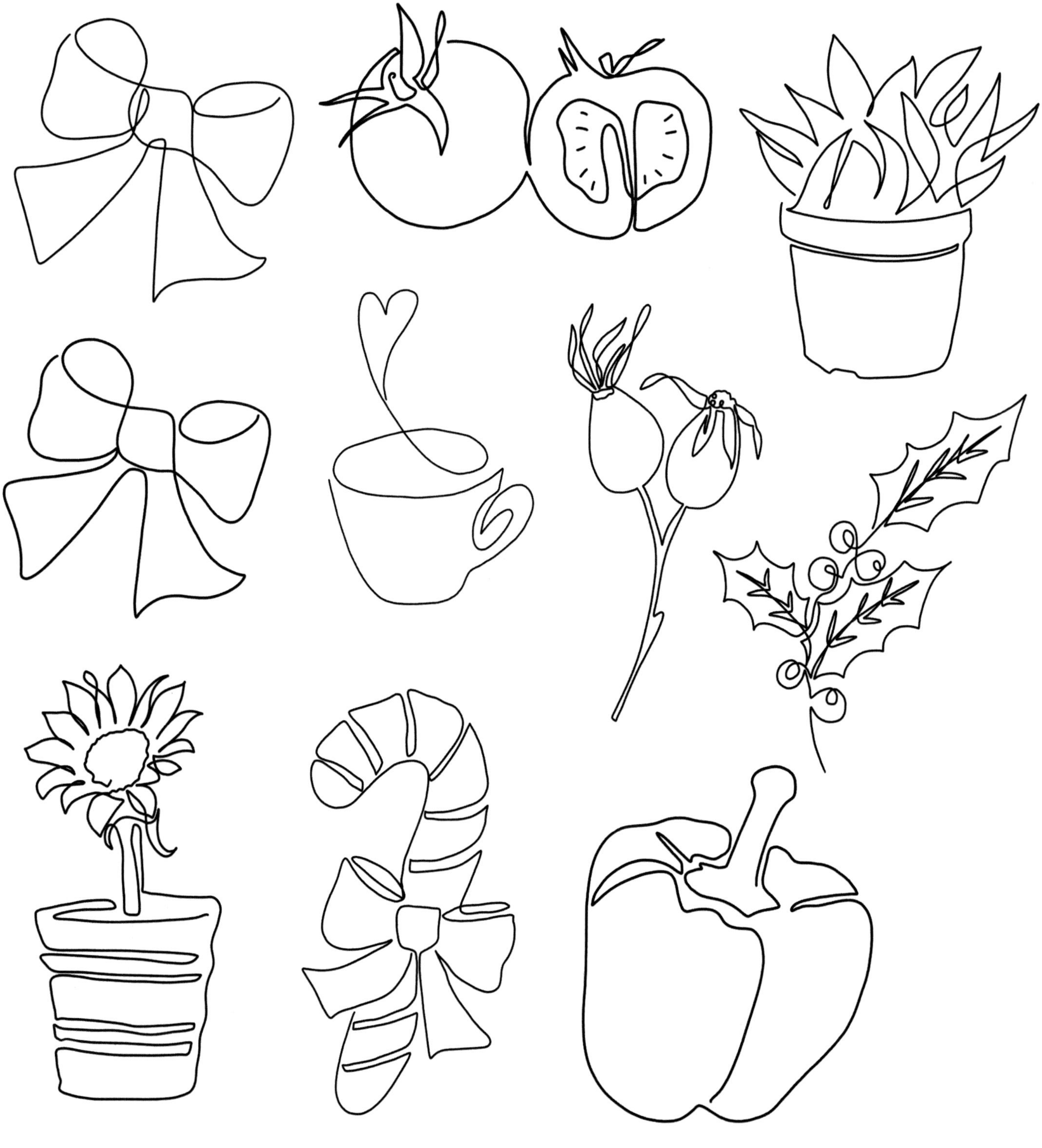

Buchempfehlungen für Dich

Noch mehr Kreativ-Bücher zum gleichen Thema gesucht?

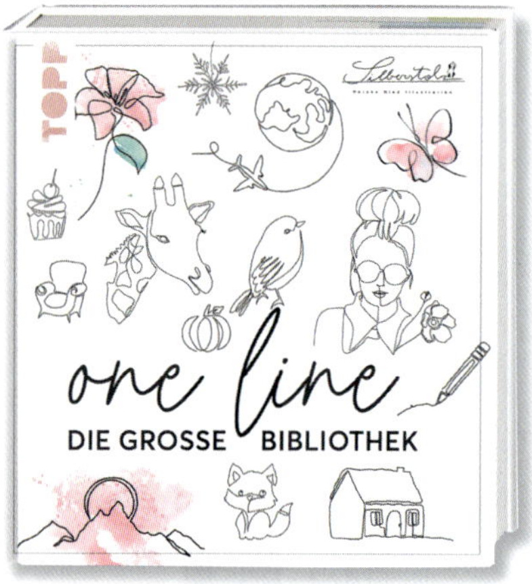

ISBN 978-3-7358-8068-0

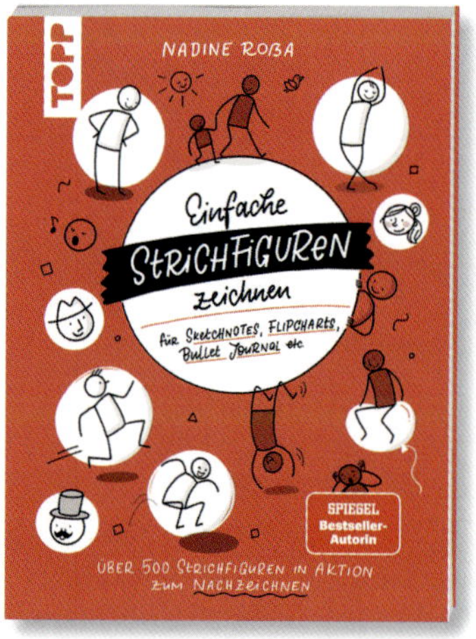

ISBN 978-3-7358-8073-4

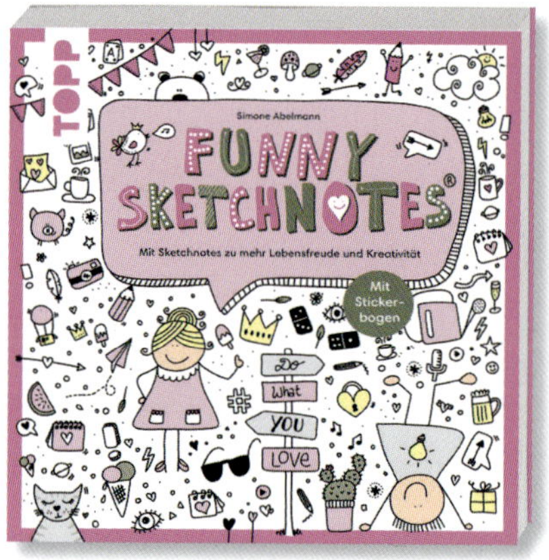

ISBN 978-3-7358-8171-7

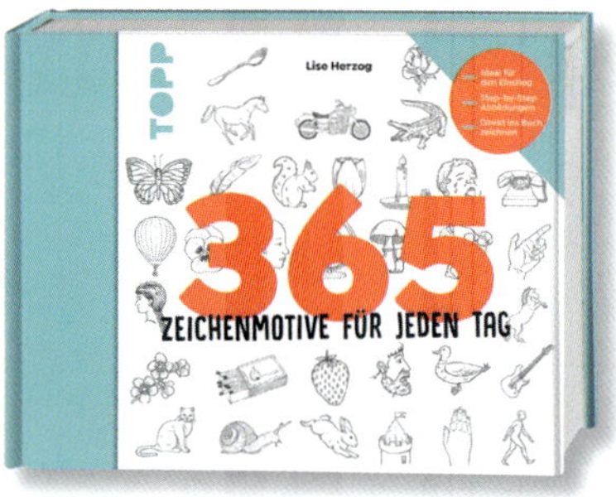

ISBN 978-3-7358-8145-8

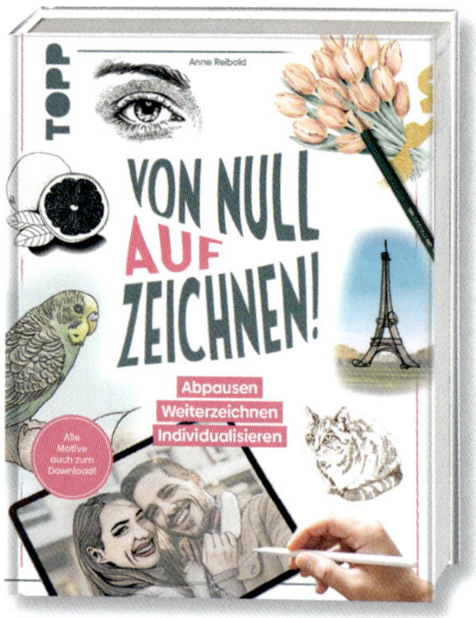

ISBN 978-3-7358-8159-5

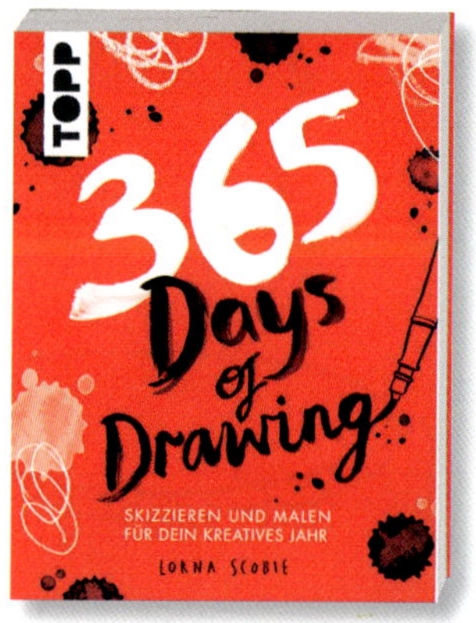

ISBN 978-3-7358-8125-0

Viele weitere Kreativ-Bücher findest du auf www.TOPP-kreativ.de

#TOPPPROJEKT

Die eigene Kreativität zeigen: TOPPprojekt mit anderen Kreativen teilen und Teil der Gemeinschaft werden.

DIY-begeistert und auf Instagram? Dann unbedingt mitmachen! Hier gibt's Tipps und Feedback zu den eigenen Projekten. Außerdem verlosen wir jeden Monat ein Überraschungspaket. Um am Gewinnspiel teilzunehmen, einfach ein Bild vom Kreativ-Projekt aus unseren Büchern mit #TOPPprojekt posten und unserem Account @frechverlag folgen. Mehr Infos auf TOPP-kreativ.de/TOPPprojekt

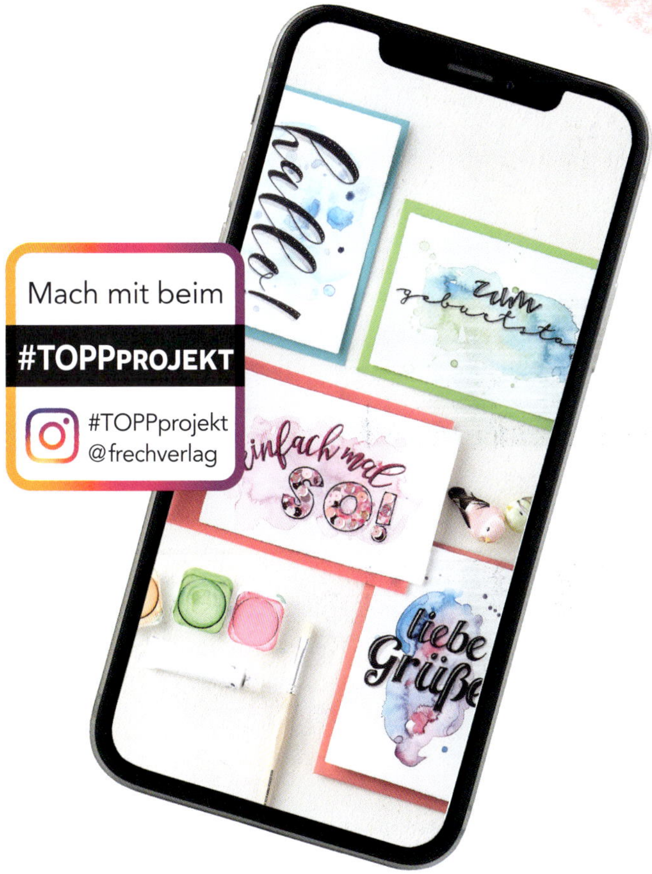

Website
Auf TOPP-kreativ.de kannst du ein riesiges Angebot von über 1.000 Kreativbüchern, Sets & mehr entdecken.

Newsletter
Gleich anmelden unter: TOPP-kreativ.de/newsletter und immer als Erstes von unseren Neuheiten und Sonderaktionen erfahren.

Instagram
@frechverlag

Pinterest
pinterest.com/frechverlag

Facebook
facebook.com/frechverlag

DigiBib
Hier findest du zusätzlich zu vielen unserer Bücher digitale Extras, wie Video-Tutorials, Plotter-Dateien, Vorlagen, Übungsblätter & vieles mehr. Einfach im Impressum deines TOPP-Buchs den Freischalte-Code nachschlagen und exklusive Inhalte freischalten. TOPP-kreativ.de/digibib

Youtube
youtube.com/frechverlag

Vita/Impressum

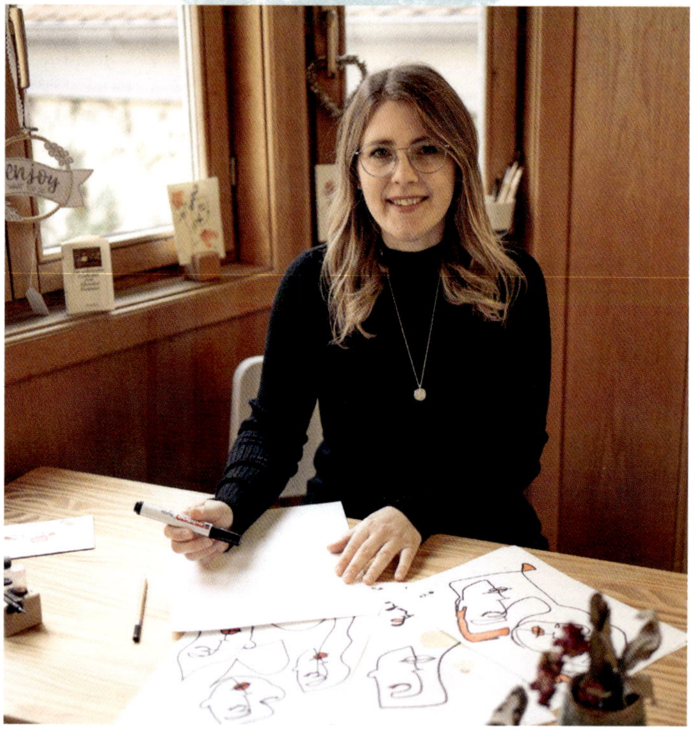

Hi, ich bin Heinke. Ich bin One-Line-Art-Künstlerin, Illustratorin und VHS-Dozentin. Ich lebe mit meiner Familie in einem schönen Städtchen am Main.
Am liebsten bin ich in der Natur unterwegs, hier komme ich zur Ruhe und finde meine Inspiration. Seit 2017 gebe ich Kurse und Workshops zum Thema Schrift, Zeichnen und Malerei.

2020 habe ich meine große Leidenschaft zur One Line Art entdeckt. Seitdem zeichne ich am liebsten in einer durchgängigen Linie und kombiniere Aquarell oder Schriftzüge dazu. Ich habe es mir zu Aufgabe gemacht, diese tolle Zeichentechnik durch einfache Anleitungen für alle Menschen zugänglich zu machen.

Unter dem Namen Silberstolz findet ihr mich auf Instagram. Hier teile ich mein kreatives Wissen und viele kleine Zeichenanleitungen mit euch. Unter dem Hashtag #onelineartzeichenschule sammeln wir alle Beiträge.

Mein Motto: *Lebe kreativ!*

Wir bedanken uns für die großzügige Materialunterstützung bei den Firmen da Vinci, Hahnemühle und Faber-Castell.

Die DigiBib – für Vorlagen & Korrekturen
Alle Motiv-Vorlagen und etwaigen Korrekturen für uns bekannte Fehler im Inhalt findest du in der Digitalen Bibliothek.
www.topp-kreativ.de/digibib
Freischaltcode: 10818

KONZEPT UND PRODUKTMANAGEMENT: Hannelore Irmer-Romeo
LEKTORAT: Gabriele Betz, Tübingen
COVERGESTALTUNG: Eva Grimme
HERSTELLUNG UND LAYOUT: Jessica Siebert
ZEICHNUNGEN UND MOTIVE: Heinke Nied
FOTOS: Hintergründe von Adobe Stock (S.17: © floraldeco, S.19: © floraldeco, S.21: © rorygezfresh, S.23: © floraldeco, S.27: © arymer, S.29: © IndrePau, S.33: © ink drop, S.35: © fotoagent1, S.37: © dil_ko, S.39: © Daria Minaeva, S.41: © FollowTheFlow, S.49: © Asya, S.51: © nikolarakic, S.53: © lilasgh, S.55: © Yuri-U, S.57: © FollowTheFlow, S.59: © FollowTheFlow, S.61: © lilasgh, S.63: © RobertKneschke, S.65: © lilasgh, S.69: © stanislav_uvarov, S.71: © prime1001, S.73: © JP_3D, S.75: © FollowTheFlow, S.77: © Anna, S.79: © natus111, S.81: © PohKim, S.83: © Rodzevsky, S.87: © Flaffy, S.89: © fotofabrika, S.91: © Kae, S.93: © fotoagent1, S.95: © MariuszBlach, S.97: © weedezign, S.101: © FollowTheFlow, S.103: © Anna, S.105: © marika, S.107: © Palanga, S.109: © mayanko, S.111: © Jenifoto, S.113: © Алексей Доненко, S.115: © Jenifoto, S.117: © tabitazn
DRUCK UND BINDUNG: DZS Grafik, Slowenien

MIX
Papier | Fördert gute Waldnutzung
FSC® C106600

Penguin Random House Verlagsgruppe
FSC® N001967

5. Auflage 2025

produktsicherheit@frechverlag.de
ISBN 978-3-7724-4792-1 Best.-Nr. 4792